AF888784

Curt Grottewitz

Sonntage eines Großstädtischen Arbeiters in der Natur (1906)

NATUR * LITERATUR * ÖKOLOGIE
NATURE * LITERATURE * ECOLOGY

Herausgegeben von
Peter Morris-Keitel und Michael Niedermeier

Band 1

CURT GROTTEWITZ

SONNTAGE EINES GROSSSTÄDTISCHEN ARBEITERS IN DER NATUR (1906)

Kritische Neuausgabe mit Beiträgen zur Nachhaltigkeit
herausgegeben von Erich Hobusch und Peter Morris-Keitel

BESPRECHUNGSEXEMPLAR

WEIDLER Buchverlag

Erste Auflage 2005

© WEIDLER Buchverlag Berlin 2005
Alle Rechte vorbehalten
Printed in Germany

ISBN 3-89693-418-X
www.weidler-verlag.de

Inhalt

Vorwort

Curt Grottewitz und der Gedanke der Nachhaltigkeit

„Er erzählt uns von den Schönheiten der Landschaft und den Freuden des Wanderns", heißt es in einem Nachruf auf Curt Grottewitz. Und genau dies war das Ziel des Naturwissenschaftlers, Botanikers, Schriftstellers und promovierten Germanisten. Er wollte Arbeiterinnen und Arbeitern, die auch nach dem offiziellen Ende der „Sozialistengesetze" (1878-1890) von Verelendung, Armut, katastrophalen Wohnverhältnissen, mangelnder sozialer Absicherung und politischer Unterdrückung bedroht waren, mit Hilfe seiner viel gelesenen Werke *Sonntage eines großstädtischen Arbeiters in der Natur* (1906) und *Unser Wald* (1907) die physische und geistige Aneignung der Natur und ihrer Werte eröffnen und erleichtern. „Den arbeitenden Menschen aus grauen Städten den Zugang zur Natur zu erschließen" war ebenfalls das Motto und die erklärte Absicht der Naturfreundebewegung, die Karl Renner 1895 in Wien ins Leben gerufen hatte und deren erste deutsche Gruppe sich 1905 in München zusammenfand.

Der ungehinderte Zugang zur Natur war seinerzeit durchaus nicht selbstverständlich. Vor allem Großgrundbesitzer und die schon bestehende bürgerliche Vereinskultur von Wander-, Bergsteiger- und Sportvereinen ließen die Arbeiter außen vor. Grottewitz und seine Werke gehören also zum zentralen Erbe der sozialen Wanderbewegung, einer Bewegung, deren Ziele in der verantwortungsbewussten Aneignung, nicht der hemmungslosen Ausbeutung der Natur liegen. Dahinter steht eine Naturauffassung, die heutzutage im Gedanken der ökologischen Nachhaltigkeit zum Ausdruck kommt.

Gravierende Armut und fehlende politische Mitspracherechte sind heutzutage – zumindest in Mitteleuropa – weitgehend überwunden. Die Natur steht in der Regel allen offen, allerdings auch privaten Verwertungsinteressen. Die Naturfreunde haben sich deshalb die Erhaltung der Natur und deren öffentlichen Zugang für alle Menschen zur Aufgabe gemacht. Ebenso wichtig ist es ihnen, die Natur in einem zukunftsweisenden Sinn nachhaltig zu nutzen und einen umweltverträglichen Tourismus zu propagieren. Ein Freund der Natur- und Wanderbewegung wie Curt Grottewitz müsste seine Kritik an der wirtschaftlichen Entwicklung Deutschlands heutzutage nicht wesentlich anders formulieren als vor 100 Jahren.

Die Naturfreunde verstehen sich als ein Verband zur Förderung nachhaltiger Bestrebungen und sind für alle offen, die Interesse an Natur und Heimat mitbringen und sich in der Natur aktiv mit der Landschaft, ihrer Geschichte und aktuellen sozialen und politischen Problemen beschäftigen wollen. Dabei ist es eines der Hauptanliegen, naturwissenschaftliche Erkenntnisse sowie die Pflege von Naturschutz und Heimatkunde für alle Menschen verständlich zu machen.

Schon in ihrem ersten Flugblatt aus dem Jahr 1909 forderten die Berliner Naturfreunde ihre Arbeitskolleginnen und -kollegen auf: „Zieht hinaus aus den engen Straßen und Häusern, hinaus aus dem Alltagsleben in die freie, ewig junge Natur, damit sich Geist und Körper auch wieder jung fühlen kann. Zieht hinaus nach unseren Wäldern und Seen! Wandert entlang an murmelnden Bächen mit offenen Augen!" Diese Forderung stets mit „offenen Augen" die Natur zu erfahren und auch scheinbar Unwesentliches zu beachten, prägt die Wanderungen der Naturfreunde bis in die Gegenwart. Entsprechende Anleitungen zur Naturbeobachtung vermitteln nicht nur die Wanderleiterinnen und -leiter, sondern auch zahlreiche informative Beiträge in den Mitteilungsblättern der Bewegung. Bereits Curt Grottewitz publizierte am Anfang des 20. Jahrhunderts Aufsätze wie „Die Wassernuss", „Der Abhang" oder „Die Schönheit der Buche" in der Monatszeitschrift *Der Wanderfreund*. Natur- und heimatkundlich orientierte „Sonntagswanderungen" sind seitdem zum Markenzeichen der Berliner Naturfreunde geworden. Daher begrüße ich außerordentlich diese Neuauflage des einflussreichen und nicht nur für die Naturfreundebewegung wichtigen Buchs *Sonntage eines großstädtischen Arbeiters in der Natur*, das zum 100. Todestag von Curt Grottewitz dessen Leben und Werk gewidmet ist und sich darüber hinaus als Beitrag zur Diskussion um den Gedanken der Nachhaltigkeit versteht.

Michael Müller, *Bundesvorsitzender der NaturFreunde Deutschland*

CURT GROTTEWITZ

SONNTAGE
EINES GROSSSTÄDTISCHEN ARBEITERS IN DER NATUR

(1906)

Einband der 1. Ausgabe 1906.

Foto aus der 1. Ausgabe 1906.

Sonntage
eines großstädtischen Arbeiters in der Natur.

Von Curt Grottewitz

Berlin 1906

Verlag: Buchhandlung Vorwärts
Berlin SW. 68 * Lindenstraße 69
(Ernst Preczang, Rahnsdorf-Berlin)

Innentitel der Erstausgabe 1906.

Januar.

Mitten im ärgsten Winter spazieren gehen, bei Frost und Schnee? Sie sind wohl nicht ganz – gesund, Herr Tanzmann? So oder ähnlich hatte er es oft gehört, wenn er für den Sonntag alle Zusammenkunftspläne in der „Goldenen Traube“ abgelehnt hatte, um seinen gewohnten Spaziergang ins Freie zu unternehmen. Im Sommer zwar hatte er Begleiter genug, denn in der warmen Jahreszeit waren seine Freunde, wie die meisten Berliner, gern bereit, einen großen Ausflug mitzumachen. Sobald es aber wieder Herbst wurde, und der Nordwest die Blätter und den Sommerstaub um die frierenden Ohren der Menschen wirbelte, hatten die Freunde genug und taten nicht mehr mit. Herr Tanzmann wunderte sich darüber, denn ihm brachte jede Jahreszeit neue Reize. Nicht einmal im strengsten Winter setzte er aus. Ja, er freute sich auf seine Spaziergänge im Januar genau so wie auf die im heitersten Sommer. An Hitze und Frost, Regen und Sonnenschein gleich gewöhnt, war er einer jener Glücklichen, die absolut wetterfest sind, denen das Wetter nie eine Freude verdirbt.

Also am Sonntag früh gleich nach sieben, als die Nacht noch auf den Straßen der Stadt lag, brach er auf. Der Himmel aber war schon hell, im Westen stand die blasse Scheibe des Vollmonds, und im Osten leuchtete schon das lichte Orangerot der noch unter dem Horizont verborgenen Sonne.

Es wird ein schöner Tag, Sie sind ein Glückspilz, Herr Tanzmann! sagte er zu sich in der guten Laune, die er immer hatte, wenn er früh hinauswanderte. Kalt war es freilich auch genug, jene windlose Kälte, die sich wie ein starrer Druck über den Erdboden legt. Fast hätte Herr Tanzmann sich einen Überzieher gewünscht, aber er konnte sich nun einmal mit diesem „Möbel" nicht befreunden. Er ging also einen viertel Meter schneller in der Sekunde, um sich an das Klima, das von dem seines Nachtlagers erheblich abwich, zu gewöhnen. Mit einer Verwünschung Berlins, das den Menschen weich mache wie eine Teerose, bestieg er den Zug und dampfte hinaus.

Schon unterwegs sah er, dass außerhalb der Millionenstadt alles ganz weiß beschneit war. Das war ein Triumph für Herrn Tanzmann. Einerseits war es ihm überhaupt lieb, einem richtigen Wintertag mit Eis and Schnee entgegen zu gehen, und dann bot es ihm reichlich Stoff zu allerhand Betrachtungen über Berlin, das sich immer das Zentrum von allem dünkte und doch nur eine kleine Welt für sich war, ganz anders als die Welt da draußen.

Vor allem aber hat es ganz den Zusammenhang mit der Natur verloren, das wird sich noch rächen!

Zunächst freilich rächte es sich, dass Herr Tanzmann am Fenster stand, als der Zug plötzlich still hielt. Er verlor nämlich das Gleichgewicht und fiel einem alten Mütterchen in die Arme, wobei er ihr den Hampelmann zerdrückte, den sie für ihr Enkelchen von Berlin mitgebracht hatte.

Herr Tanzmann erstattete der Alten den Groschen für den Geknickten; dann stieg er aus und betrat kurz hinter der Station den Kiefernhochwald.

Aller Ärger, alle Nörgelei war vergessen. Nun war er mitten drin in der Natur. Die braunen Stämme der Kiefern erschienen ihm wie stolze Säulen, ihre graugrünen Nadelkronen wie die Wölbung einer einzigen großen Halle, die sich endlos in die Ferne erstreckte. Und auf dem Boden lag der weiße Schnee, der sich wie ein gleichförmiger Teppich unter den Bäumen dahin zog. Die Morgensonne strahlte von der Seite hinein in diese einsame Halle und beleuchtete die braunen Stämme mit einem rötlich gelben Licht. Dieser Kiefernwald, der Stolz der Mark, erschien ihm jetzt, wo die Baumriesen sich von der ebenen Schneedecke so wirkungsvoll abhoben, imposanter, einsamer, erhabener denn je. Es war ihm, als müsste Winter sein, um diesem norddeutschen Sandwalde seinen ganzen melancholisch großartigen Charakter zu geben. Und die Krähen, die er jetzt von der Krone einer dickstämmigen Kiefer aufscheuchte, schienen ganz zu diesem Bilde zu passen. In plumpem Fluge zogen die düsteren Vögel krächzend über das Nadeldach des Waldes.

Eine Strecke weiter hin wurde das Terrain etwas unebener. Hier mochte wohl der Boden nicht aus reinem Sande bestehen, vielleicht barg er in den Unterschichten sogar Spuren des fruchtbaren Lehms. Die Bäume, reichlicher genährt, waren hier noch größer, noch stattlicher als zuvor. Es mochte an dieser Stelle wohl auch etwas feuchter sein. Denn die immergrünen Lederblätter der Preiselbeere und die kahlen Zweige der Blaubeeren ragten hier verhältnismäßig üppig aus der weißen Schneedecke hervor. Hier und da tauchte auch ein schlanker Wacholderstrauch wie eine phantastische Säule auf. Herr Tanzmann trat an einen dieser treuen Kiefernbegleiter heran und suchte nach den Beeren, die sich zwischen den dornigen Nadeln des Strauches befinden mussten. Er sah sie mit Schmunzeln an, die grünen sowohl, die erst nächstes Jahr reifen sollten, wie die blauen, welche die Wacholderdrossel ebenso sehr liebte wie die Frau Tanzmann, das heißt, die Mutter des Herrn Tanzmann. Sie machte daraus einen würzigen Likör, – oh heiliger Mampe[1], war der gut!

Nun stapfte er durch die rostbraunen Farnkrautwedel und kam hinab an einen Bach. Mit einem Schlage hatte sich die Vegetation hier geändert. Der Bach hatte sich, wohl im Laufe ungezählter Jahrtausende, hier eine breite Talrinne ausgewaschen, in deren unterster Sohle er sich in vielen Windungen dahinschlängelte. Die Feuchtigkeit, die er dieser Rinne mitteilte, ließ die Trockenheit liebende Kiefer hier nicht aufkommen; dagegen begünstigte sie das Gedeihen einer Menge von Laubpflanzen, die, sonst überall vom Menschen schonungslos verfolgt, hier am Bach eine gute Zufluchtstätte finden. Zwar boten diese Sträucher und Bäume nicht das anmutige Bild wie im Sommer, wenn sie, mit Laub bedeckt, das Wasser des Baches überschatteten. Aber Herr Tanzmann konnte auch jetzt, wo sie ihre kahlen, mit vertrockneten Hopfenranken umflochtenen Äste in die reine Winterluft ausstreckten, jeden genau unterscheiden an Farbe und Gestalt und sonstigen Eigenheiten. Er ging den Bach entlang an den rötlichen Erlensträuchern, deren dicker Grundstamm genau darauf hindeutete, dass sie der Nachwuchs eines alten Riesen waren, den man gefällt hatte. Er kam an Haselsträuchern vorüber, deren männliche Kätzchen, schon im Herbst vorgebildet, vielleicht schon im nächsten Monat ihre Blüten entfalten würden, an verschiedenen Weiden, an dornigem Brombeergestrüpp vorüber, an dem noch vereinzelte rot gefrorene Blätter hingen, an Hartriegel, Kreuzdorn und einigen anderen Sträuchern, die sich aus dem artenreichen Urwald früherer Zeiten herübergerettet hatten in die Gegenwart.

Ja, ja, lieber Herr Tanzmann, sagte er zu sich, so werden auch Sie vergehen und von Ihnen wird bloß noch übrig bleiben der moderne

1 Berliner Spirituosenfirma.

Mensch, der geborene Groß-Berliner, der unter der Aufsicht des Schutzmannes im sechsten Stockwerk seine chemisch präparierte Sonntagsstulle (mit amerikanischem Bratenschmalz) isst! Ja, ja, Sie werden sehen, Herr Tanzmann!

Die Bachrinne erweiterte sich schließlich zu einem größeren Tale. Da dieses sich über das Niveau des fließenden Wassers wenig erhob, so war es ohne Zweifel Wiesenland, dessen Gras von der Schneedecke heute ganz verhüllt war. Er erkannte es auch an den niedrigen Werftweidensträuchern, die hier und da zerstreut standen. Ehe er von dem Bach, der das Land quer durchschnitt, Abschied nahm, brach er sich von jeder Strauchart ein paar kurze Zweigspitzen ab. Die steckte er zu Hause in ein Wasserglas, wo sie bald austrieben, jedes auf seine Weise. Das war dann ein Vorgeschmack des Frühlings im Februar: flaumige Weidenkätzchen, stäubende Hängeblüten von Haseln und Erlen und maigrüne Blätter die Menge!

Dann ging Herr Tanzmann am Wiesenrande entlang. Nun war er von Wald und Bach in das große Bereich des Landmannes gekommen. Er sah die gewöhnlichsten Bodentypen des märkischen Landes vor sich. Da war zunächst die Wiese, bei welcher der hohe Stand des Grundwassers nur noch den Anbau von Futtergräsern und Kräutern ermöglichte. Dann kam etwas höher gelegenes Land, unzweifelhaft schwarzer Schwemmboden, auf dem die Kartoffeln und der Roggen, die landwirtschaftlichen Haupterzeugnisse des märkischen Bodens, in nicht zu nassen Jahren recht gut gedeihen mochten. Das Land war durch halbmetertiefe Gräben drainiert, um das überschüssige Wasser leicht abzuleiten. Jeder Morgen[2] Landes war von dem anderen durch einen solchen Graben getrennt, schnurgerade einer wie der andere, ein Bild des Fleißes und der Nüchternheit, der Ordnungsliebe und der Einfachheit des ländlichen Lebens in der Mark. Als er auch an diesem Gebiet vorübergegangen war, gelangte er auf trockenes Land, den echten märkischen Sand, auf dem der Roggen nur zu oft weder Korn noch Stroh gab, und wo die Kartoffeln vertrockneten vor Dürre. Unter den Strahlen der höher steigenden Januarsonne war hier auf diesem jederzeit warmen Boden der Schnee fast ganz geschmolzen, und die Wintersaat, ungleich aufgegangen, lag da wie ein weiter grüner Teppich.

Als er nun auf demselben Terrain noch einige Meter höher stieg, befand er sich auf einer öden Steppe, die von schwarzem Moos und Al-

---

2 Älteres Feldmaß, Größe schwankt regional zwischen 0,255 und 0,388 ha.

gen überzogen war. Hier herrschte eine traurige Unfruchtbarkeit. Einige verkrüppelte niedrige Kiefernbüsche, die in weiten Abständen voneinander zerstreut lagen, zeugten von dem misslungenen Versuche, dieses unwirtliche Land aufzuforsten. Herr Tanzmann scharrte mit seinem Fuße auf dem lockeren Boden, er traf auf Kies, der mit Sand durchsetzt war. Und nun bemerkte er auch in einiger Entfernung mehrere große, mannshohe Granitblöcke, die von den großen Gletschern der Eiszeit aus Skandinaviens Bergen hierher getragen waren, ebenso wie der Kies, der nun den Boden zur Unfruchtbarkeit verdammte.

Ja, ja, seufzte Herr Tanzmann, da haben wir nun den schwedischen Schutt wie einen Alpdruck auf unseren Fluren. Na überhaupt die Eiszeit! Hier ganz Norddeutschland, das einst gebirgig gewesen sein mag wie Thüringen, gleichförmig mit Geröll und Sand zu überschütten, dass man bis an die Knöchel drin versinkt! Sapperlot, dazu gehört eine Ungeniertheit! Hätten sie doch den Grus lieber behalten und uns ein Hochgebirge hergeschickt. Das wäre ein Gaudium für Sie, Herr Tanzmann, sonntags mit dem Rucksack auf die Felsen zu klettern und das Alphorn zu blasen statt der Radauflöte!

Nun wanderte er weiter über das Ödland und jagte dabei einen Hasen auf, der selbst auf diesem ebenen Boden noch eine Lagerstatt für sein bescheidenes Gemüt ausfindig gemacht hatte. Und jetzt fuhr Herr Tanzmann plötzlich zusammen, als ob eine Rakete vor ihm abgebrannt worden wäre. Dicht vor seinen Füßen war ein Volk Rebhühner mit jähem, knallartigem Geschrei aufgeflogen.

Da schlag' aber einer drein! rief Herr Tanzmann empört, entweder man jagt sie oder sie jagen einen. Hätte ich einen Schießprügel unterm Arm gehabt, so wären sie sicher schon vor zwanzig Minuten aufgeflogen; so aber bleiben sie, warten, bis man heran ist und machen: puff! Das nennt man dann Anpassung. Jawohl! Frechheit ist es, Mangel an Respekt vor einem einsamen Sonntagswanderer!

Herr Tanzmann musste sodann noch erleben, dass die Rebhühner nach kurzem, schwerfälligem Fluge kaum hundert Meter von ihm entfernt wieder in das Ödland einfielen. Offenbar hielten sie ihn für sehr unschuldig. Er aber ging geraden Wegs nach dem kleinen Dorfe, das mit seinen schwarzen Baummassen und weiß verschneiten Dächern in einer Bodensenkung lag. Die Sandwege, die in das Dorf mündeten, waren in vollständig verwahrlostem Zustande. Die Gräben, wo es solche überhaupt jemals gegeben hatte, waren mit Flugsand ausgefüllt und nur auf Viertelstundenentfernung stand hier und da ein verkrüppelter Baum. Halbmetertiefe Furchen in den Sandwegen zeugten davon, wie beschwerlich es sein musste, hier einen schweren Arbeitswagen durchzubringen, und wie oft mochte da ein Rad, eine Achse brechen!

Ja, ja, sagte Herr Tanzmann. Das ist ein richtiges märkisches Dorf. Wenn man darin ist, geht's; wenn man aber in der Nacht hinaus will, bei Finsternis und hohem Schnee, dann tappt man im Kreise umher wie die Maus in der Falle, und wer kein Nansen[3] ist, der hat zum letzten Male in seinem Leben geflucht!

Vor dem Dorfe standen am Straßenrande einige weißstämmige Birken und verwilderte Sauerkirschen, auf deren Hängezweigen eine Schar Grünlinge saßen. Und nahe dabei stand eine Gruppe von Akazien[4], die Herr Tanzmann mit ehrfürchtiger Liebe begrüßte, die alten amerikanischen Proletarier, die trotz Hasenfraß und Sonnenbrand und trotz Winterfrost und Steppensand so kernig aushielten und so flink und unverdrossen emporwuchsen, als ob sie just für märkischen Boden geschaffen wären.

Es ist einfach nichtswürdig, sagte Herr Tanzmann, auch bis hierher ist die kurzsichtige Raubwirtschaft schon gedrungen. Da wüten sie drauf los mit Axt und Säge. Eichen und Linden gibt's schon nicht mehr. Anständige Obstbäume hatten sie nie, die Walnussstämme verkaufen sie nach Württemberg, um Gewehrkolben daraus zu machen. Und die Nachkommen werden vollends im Sande braten. So muss es aber kommen. Die Akazie ist noch die einzige Hoffnung, die lässt sich nicht so leicht totmachen. Und einen Baum muss es doch geben im märkischen Lande. Woran soll man sich sonst hängen, nachdem die übrige Natur ausgerottet ist?

3 Fridtjof Nansen (1861-1930), norwegischer Polarforscher und Zoologe.

4 Gemeint sind Robinien.

Februar.

Es war ein milder trüber Tag, an dem Herr Tanzmann diesmal seine Schritte hinaus ins Freie lenkte. Der Himmel war gleichfarbig grau, und die Luft so dicht mit Wasserdampf gesättigt, dass der Horizont wie mit Nebel verschleiert lag, und die Feuchtigkeit sich auf die Kleidung und den grimmigen Bart des Herrn Tanzmann setzte.

Das ist schon die Frühjahrsüberschwemmung, sagte dieser gelassen. Heute Maiwärme und morgen Eis und so fort ein Vierteljahr. So ist das nun in unserer gemäßigten Zone. Man kommt nicht von der Stelle. Verwünscht gemäßigte Zustände bei uns!

Er schritt jetzt zum Ufer eines lang gestreckten Sees hinab, wo die hohen, dürren Schilfstengel eine stille seichte Wasserbucht dicht überzogen hatten. Der See lag, mit anderen Seen eine weite Wasserkette bildend, im Innern einer langen Talniederung, welche, an ihren tiefsten Stellen mit Wasser ausgefüllt, in das große Spreetal mündete. Diese Niederung schnitt tief in das Land ein, und ihre Längsränder, die an einigen Stellen kilometerweit voneinander entfernt waren, mussten die Uferwände eines ehemaligen, recht bedeutenden Wasserlaufes sein, der seine Fluten in das freilich noch beträchtlich breitere Strombett der alten Spree gewälzt hatte.

Schade, sagte Herr Tanzmann, von all der Wasserherrlichkeit nur noch ein paar armselige Seen und die paar Flüsschen, wie die Dahme und die Spree, in deren ausgetrocknetem Flussbett jetzt Groß-Berlin Seehafenträume hegt. Jawohl, als die einzige sichere Erbschaft von dem alten Spreestrome haben wir nur noch den modderigen, wackeligen Untergrund, den Hausschwamm und die Ratten!

Als er am Seeufer entlang ging, bot sich ihm die Gelegenheit, einen Blick in die Erdzusammensetzung des ehemaligen Stromrandes zu tun. Es befanden sich in jener Gegend eine Menge Ziegeleien, deren Schächte wie steile Felsenschluchten tief in die Erde eingegraben waren. An ihren Wänden konnte man deutlich die Lagerung der einzelnen Erdschichten erkennen. Es waren verschiedenartige Zonen von Sand, Kies, Lehm, Mergel und Ton, alles Produkte der großen Eiszeit, welche nordisches Steinmaterial hierher geführt und mannigfach umgeändert hatte.

Herr Tanzmann sah es zwar als eine besondere Böswilligkeit der Natur an, dass sie den sterilen Sand obenauf gepackt und den kostbaren Ton gerade nach unten vergraben hatte, aber er ergab sich drein, da er es doch nicht ändern konnte. Zum Glück für ihn fand er eine Strecke weiterhin die Erdverhältnisse mehr nach seinem Wunsche. Dort breitete sich neben dem See eine Wiese aus, deren dürrgelbe Grasfläche von kleinen Gruben hier und da unterbrochen war. Die Wiese war zwar jetzt außerordentlich nass, so dass Herr Tanzmann sie nicht zu überschreiten wagte. Er kannte diese moorigen Seewiesen, die mit ihrem schwankenden Boden selbst im Hochsommer kaum zu betreten waren. Eine dieser Gruben lag jedoch ziemlich nahe am Rande. Ihre schwarzen Wände bestanden aus einem guten recht sandfreien Torf, der ein sehr molliges Heizmaterial abgeben mochte. Man konnte in dem Torfe noch deutlich die Pflanzenüberreste, selbst große Wurzeln und Baumstämme erkennen, die einst auf dieser sumpfigen Wiese gewachsen, umgefallen und dann in den kohlenartigen Zustand übergegangen waren. An den oberen Rändern der schwarzen Wände wurde die Erde moorig, und aus dem Moor ragten die Wiesengräser und Kräuter hervor, die jetzt eine winterlich gelbe Farbe zeigten.

Da können Sie sehen, Herr Tanzmann, sagte der Wanderer zu sich, wie die Kohle früher gewachsen ist. Ganze Wälder versumpften und wurden unter Gestein und Schutt begraben wie da drüben der Ton. Das schwere Gewicht presste sie zusammen zu einer harten Masse, während unser neuzeitiger Torf nur seicht eingebuddelt und deshalb eine schwammige, leichte Ware ist, wie alles Moderne.

Das Wasser, das in der Torfgrube stand, war fast ganz mit einer dünnen, grünen Decke von Wasserlinsen bedeckt, kleinen Pflänzchen, deren ganzer Leib aus einem einzigen linsengroßen Blatte bestand. Herr Tanzmann dachte bei ihrem Anblick an die Frau Tanzmann, seine Mutter, oder noch mehr an ihre Enten, die diese Wasserlinsen höher schätzten, als Recht und Gerechtigkeit, und jeden Morgen heimlich ausrückten in den Wassertümpel, wo man sie ohne Stulpenstiefel und die Gefahr, im Moore zu versinken, nicht herausbringen konnte. Und die Frau Tanzmann stand dann wie eine Henne, die Enten ausgebrütet hat, am Teichrande und lockte und lockte und schrie sich heiser: Hüle, Hüle, Hüle! Die „Hüleken" kamen aber nicht, sondern blieben bei den Wasserlinsen und hielten große schnatternde Reden, bei denen freilich auch nichts herauskam.

Herr Tanzmann ging um die Wiese herum und kam zu einer Stelle, wo die alte Talwand dicht und ziemlich steil an den jetzigen Uferrand des Sees heranstieß. Hier machte der See ein Knie, hier war er auch tief, während an dem gegenüber liegenden flachen Ufer gelbes Schilf wieder auf eine stille Bucht mit seichtem Wasser hinwies. Ohne Zweifel wurde die Uferwand von der Wasserströmung auf der steilen Seite immer weiter abgerissen und der abgeschwemmte Boden nach den schilfigen Stellen des Sees getragen. Herr Tanzmann konnte ganz genau erkennen, wie sehr der See seit der jüngsten Erdepoche bis auf die Gegenwart das umliegende Gebiet verändert hatte. Da an einer Seite hatte er viele Morgen Landes angespült und der angeschwemmte Boden war sofort als Wiese, an der oberen Seite sogar als „Kohlgarten" in Anspruch genommen worden. Dagegen hatte der See an anderen Stellen sich redlich Mühe gegeben, den Ackerboden hinwegzureißen.

Was doch die Natur für ein alter Revolutionär ist, sagte Herr Tanzmann, hier reißt sie ein und dort spendet sie wie ein Verschwender. Man hätte sie längst eingesperrt, wenn man das dazu nötige Geld nicht für andere, ähnliche Kulturzwecke brauchte!

Eine Strecke weiterhin war der Seerand mit Gebüsch bewachsen. Weiden, deren schneeweiße Filzkätzchen bereits zur Hälfte aus den dicken Knospen hervorlugten, gemahnten schon an den kommenden Frühling. Überhaupt konnte Herr Tanzmann zu seiner Freude sehen, dass bereits das erste Leben in die Natur zurückkehrte. Hier und da regten sich auch an anderen Bäumen und Sträuchern die Knospen. Eine gigantische Schwarzpappel, die an einem zum See führenden Wege stand, und eine graustämmige Espe, die mit ihren Ausläufern ein wüstes Gesträuch bildete, hatten ebenfalls bereits ihre dicken Blütenstände hervor gesandt.

Das ist der allererste Frühling, sagte Herr Tanzmann. Der kommt noch vor dem Vorfrühling. Aber von dem weiß nur der Neunhundertneunundneunzigste von Tausend. Und nur wer so ein alter Zukunftsspintisierer ist wie Sie, Herr Tanzmann, hat seine Freude daran mitten in der Winterleere des Februars.

Unter dem Gesträuch befand sich ein breiter Schneeballstrauch, über und über mit knallroten Früchten behangen, die sich vom Herbst her gut durch den Winter gerettet hatten. Der Heckenrosenbusch, der daneben stand, hatte dagegen seine Hagebutten bereits fast alle abgeworfen oder den Vögeln abgegeben. Herr Tanzmann konnte nur noch zwei davon erbeuten. Er sah sie an, drückte die Kerne heraus und ließ die fleischige Schale zwischen den Zähnen verschwinden, eine Leidenschaft, die er noch von der Zeit her hatte, wo er bei der Frau Tanzmann wohnte, seiner Mutter, und ein tüchtiger achtjähriger Galgenstrick war. Oh, wie oft war ihm dann ein solches verwünschtes kratziges Härchen, mit denen die Fruchtkerne eingehüllt waren, im Halse stecken geblieben. Dann war guter Rat teuer. Frau Tanzmann empfahl: Wasser trinken, aber das Härchen kratzte weiter, dann empfahl sie: ein Stückchen „Brotkirste"[5] essen, aber das Härchen kratzte weiter in Herrn Tanzmanns Kehle. Erst wenn sie mit der großen Flasche Himbeersaft aus dem Keller hervorkam, wurde das Härchen und der junge Herr Tanzmann sanftmütiger.

Nun ging er schnellen Schrittes weiter an einem kleinen Graben entlang. Dieser verband den See, den er eben verlassen, mit dem anderen, zu dem er sich jetzt wenden wollte. Da, wo der Graben in den zweiten See mündete, stand ein kleines, einsames Gehöft. Eine schwarze Baummasse umrahmte die kleinen Gebäude aus Fachwerk und Lehm. Die Dächer waren mit dem Schilf gedeckt, das der Besitzer des Hofes selbst aus dem See geschnitten und auf seine Gebäude gelegt hatte. Herr Tanzmann kannte ihn, es war sein alter, lieber Freund Mewis, der hier, eine halbe Stunde von dem am jenseitigen Ufer liegenden Dorfe entfernt, sein Land in alt gewohnter Weise bebaute.

Mewis stand gerade im Garten und schnitt mit seinem blitzenden Taschenmesser an seinen Obstbäumen herum, und zwar gründlich. Als er den Wanderer kommen sah, setzte er das Messer ab, steckte es schnell ein und rief fröhlich hinüber:

Kiek mal, der Herr Tanzmann! Na nu, du oller Junge?

Daran erkannte Herr Tanzmann, dass sein Freund noch der Alte geblieben war, im Übrigen hatte er daran sehr gezweifelt, da er ihn inmitten einer Anpflanzung junger, geradstämmiger Obstbäume sah, die er offenbar, aller ländlichen Gewohnheit zuwider, aus einer Baumschule bezogen hatte.

Menschenskind! rief ihn Herr Tanzmann an.

Ja, sagte Mewis, die habe ich mir voriges Jahr zugelegt. Ich will doch mal sehen, ob's nicht mit dem Obstbau geht.

Und hast die Bäume da in den Sand hineingescharrt, was?

Na, versteht sich, wohin denn sonst?

---

5 Rinde oder Kruste.

Mewis, Mewis, sagte Herr Tanzmann, du bist noch gerade so dumm, wie vor Jahren, als ich das letzte Mal von Dir ging.

So? sagte Mewis.

Gibst du deinen zwei Pferden Sand zu essen, gibst du deinen drei Kühen (oder wie viele du jetzt hast) Sand, gibst du deinen Schweinen Sand?

Das ja gerade nicht, sagte Mewis kleinlaut.

Und Deinen Bäumen willst du Sand geben, du nichtswürdiger Kerl? Da hast du nun den Seeschlamm vor deiner Tür und den Schutthaufen mit Kalk und Lehm hinter der Scheune. Und das hast du deinen Bäumen vorenthalten! Da kann ich dir schon sagen, von denen wirst du auch nicht eine Handvoll Äpfel ernten.

Ja, sagte Mewis, möglicherweise kann das stimmen, die alten Bäume haben auch nie was Rechtes getragen.

Da siehst du's. Wer was leisten soll, der muss auch was zu essen kriegen. Das ist die erste und letzte Weisheit in der Natur.

Mein Vater, Herr Tanzmann, sagte Mewis feierlich, hat die Bäume auch stets so gepflanzt.

Na ja, daran siehst du, dass dein Vater auch nicht klüger war wie du. Das ist eben das schlimme, ihr Landbewohner seid noch nicht genug Herren der Natur, ihr steht noch zu sehr unter ihr, und wir Großstädter, wir sind zu sehr außerhalb von ihr, und das ist freilich vielleicht das Allerschlimmste!

Du, Herr Tanzmann, ein Großstädter? sagte Mewis jetzt mit wachsender Überlegenheit. Du, ein Großstädter? Du stammst doch auch aus dem Niederbarnimer Kreis[6] wie wir anderen.

Herr Tanzmann schwieg gekränkt. Sie schritten durch den Garten, in dem bereits die ersten Unkräuter, die rote Taubnessel, das gelbe Kreuzkraut und die Vogelmiere ihre zu dieser Zeit sehr unauffälligen, unscheinbaren Blüten entfaltet hatten. Von einem alten Kastanienbaum ließ ein Finkenweibchen ein munteres Pink-Pink-Pink erschallen. Dann kamen sie an eine kleine, mit Buchsbaum eingefasste Rabatte, in der die Schneeglöckchen bereits unzählige, zartweiße Blüten getrieben hatten.

Ach, das ist wirklich schön! sagte Herr Tanzmann. Mitten im Februar schon solche Blumen, wie sie der Sommer kaum schöner hervorbringt. Kannst du Dir denken, Mewis, wie man sich über solche lachen-

6 Landkreis südöstlich von Berlin.

den Frühlingsvorläufer freut, wenn man mitten aus der düsteren Großstadt kommt?

Mewis sagte nichts, sondern pflückte einige der Blumen ab und steckte sie Herrn Tanzmann ins Knopfloch. Damit war der Frieden zwischen beiden wieder hergestellt.

März.

Der Buchenwald vereinigte die Merkmale des Herbstes und des erwachenden Frühlings. Herr Tanzmann stapfte durch das rostbraune Laub, das den Boden mehrere Zoll hoch bedeckte und aus dem die silbergrauen Baumriesen ihre glatten Stämme kerzengerade in die Höhe streckten. Ihre viel verzweigten Kronen waren noch ganz kahl, und wenn man das Gesamtbild dieses Buchenwaldes mit seiner rostbraunen, raschelnden Laubdecke und seinen hechtgrauen, blätterleeren Stämmen auf sich wirken ließ, so bekam man den vollen Eindruck des Herbstes. Aber Herr Tanzmann ließ sich nicht irre machen. Um diese Jahreszeit war er immer sehr poetisch gestimmt und wie ein Spürhund darauf bedacht, die Zeichen des Frühlings zu erspähen. Mit seinem scharfen Blick entdeckte er denn auch sehr bald hier und da ein liebliches, hell veilchenblaues Leberblümchen, das sein zartes Köpfchen auf langem, dünnem Stiele aus der Laubdecke hervorstreckte. Herr Tanzmann betrachtete diese Blume mit besonderer Zuneigung. Sie gab ihm die Gewissheit, dass die Vegetation jetzt mit Macht hervorbrach und sogar schon anmutige bunte Blumen erblühen ließ. Freilich konnte eine Blume, die mitten im dichten Walde wächst, nur zu dieser Jahreszeit blühen, wo die Bäume noch kein Laubdach besitzen, das alles am Boden Befindliche beschattet und erstickt.

Sie sehen daraus, lieber Herr Tanzmann, sagte der Wanderer zu sich, dass man die passende Zeit zum Blühen benutzen muss. Nachher kommt die Finsternis und die Nacht. In Groß-Berlin haben sie es freilich nun soweit gebracht, dass sie auch in der Nacht blühen. Dafür lassen sie aber dann auch am Tage die Köpfe und Nerven welk hängen wie vertrocknete Kohlrüben.

Nun sah er in einem Gebüsch von wildem Gaisblatt auch die zierlichen Anemonen in voller Blüte. Dabei schien die Sonne so mildwarm herab, dass Herr Tanzmann seinen großen Kalabreserhut[7] vom Kopfe nahm und sich von den vielen Strahlen bescheinen ließ. Früh war leichtes Frostwetter gewesen, und weißer Reif hatte auf den Fluren gelegen. Aber die Sonne hatte ihn schnell aufgesogen und den Boden weich gemacht. Nun war daraus das lieblichste Märzenwetter geworden, eine weiche milde Luft, die erschlaffte und beglückte, und die Sonne schien in zartem, sanftem Lichte aus dem weiß verschleierten Blau des Himmels.

Den wirklichen Eindruck des Vorfrühlings bekam Herr Tanzmann aber erst, als er den Rand des Buchenwaldes erreichte, wo dieser in freies Feld überging. Am Waldrande entlang führte eine breite Fahrstraße mit tiefen grasbewachsenen Gräben. Hier brachen aus dem graugelben Rasen eine Menge grüner Stauden mit den mannigfaltigst gestalteten Blättern hervor. Blüten hatte aber nur das Gänseblümchen, das den Graben mit freundlichen weißen Sternen zierte. Der Waldrand war ein sehr geeigneter Standplatz für eine Menge von Bäumen und Büschen, die im Buchenwalde selbst nicht Licht und Luft genug gehabt hätten und anderswo dem mörderischen Beile des Menschen längst zum Opfer gefallen wären. An dem Waldrande bildeten sie eine dichte natürliche Hecke. Herr Tanzmann konnte bemerken, wie die Knospen von allen diesen Gehölzen schon lebhaft grünten. Die Haselnüsse hatten lange, blühende Kätzchen, und als er mit der Hand an einen Zweig fasste, brach eine gelbe Wolke von Blütenstaub aus den Kätzchen hervor. Ein fesselndes Bild bot eine alte graustämmige Espe, die dermaßen mit chenilleähnlichen Kätzchenblüten bedeckt war, dass die Krone des Baumes wie mit rotbraunen Wollfransen dicht und phantastisch umwickelt schien.

Den sollte man nach Berlin mitnehmen, sagte Herr Tanzmann, ihn auf der Friedrichstraße aufstellen und jeden raten lassen, was das sei. Wie würden sich die Berliner wundern, dass der Baum nicht aus Brasilien oder aus Japan stammt oder gar aus Kiautschou[8], sondern von einem Waldrande der Mark Brandenburg.

Von der anderen Seite des Weges her, über den Fluren erklang der unermüdlich trällernde Gesang der Lerchen. Die Tierchen schwebten hoch oben in der blauen Luft in kaum sichtbarer Höhe, und aus ihren Kehlen erscholl es wie ewiger Frohsinn und ewiger Frühling. In den

---

7 Breitrandiger Filzhut.

8 1897-1914 deutscher Flottenstützpunkt und Pachtgebiet an der Südwestküste der chinesischen Halbinsel Schantung.

Ackerfurchen liefen geschäftige Bachstelzen, mit den Schwänzchen auf und nieder wippend, dahin und suchten Insekten. Nun erklang auch noch der seltsame Refrain eines Finkenmännchens, das immer wieder auf einen entfernteren Baum der Landstraße flog, sobald Herr Tanzmann in seine Nähe kam. Während der Gesang der Lerchen ein ununterbrochenes Trällern war, sang der Fink eine kurze Melodie und wartete dann eine Weile, um das Liedchen von neuem zu beginnen.

Seltsam, dachte Herr Tanzmann, könnte man nicht wirklich glauben, was die Dichter sagen, dass die Vögel nur dazu da sind, den Menschen Lieder zu singen? Aber am Ende waren in diesem Falle die Dichter prosaischer als die Wirklichkeit. Dass die Vögel Liebeslieder singen, um ihre Geliebten zu betören, das ist ja frech und unkirchlich, aber tief künstlerisch empfunden von der Natur!

Die Fluren, an denen der Weg vorüberführte, waren teils Roggenfelder, deren junge Saat jetzt einem wunderschönen grünen Teppich glich, teils Sturzäcker, deren braune Schollen lange unregelmäßige Linien bildeten. Diese Äcker schienen allen Pflanzenwuchses zu entbehren, als Herr Tanzmann aber näher zusah, fand er die Erde bedeckt mit den unzähligen unscheinbaren weißen Blüten des Hungerblümchens[9].

Da können Sie sehen, Herr Tanzmann, meditierte der Wanderer für sich, es kommt ganz auf den Standpunkt an. Hält man die Nase hoch, so sieht man nichts als ein leeres Feld, bückt man sich aber liebevoll herab, so jubeln Millionen blühender Existenzen einem entgegen – freilich Hungerblümchen!

An der anderen Seite ging der Wald allmählich in eine gemischte Formation über. Es waren viele Kiefern in die Buchen eingestreut, und diese letzteren waren, da wohl der Boden etwas magerer wurde, weniger stark entwickelt als vorher. Einzelne weißstämmige Birken und Ebereschen standen wie Unkraut dazwischen. In der Ferne hörte er einen Specht an einen Kiefernstamm klopfen. Und jetzt wäre er beinahe erschrocken. Mit krachendem Sprunge hatte sich ein Eichkätzchen von einem Ast zum anderen geschwungen, und als Herr Tanzmann nun in die Hände klatschte, konnte er die Akrobatenkünste des flinken Tieres betrachten, welches fliehend mit wunderbarer Geschicklichkeit von Ast zu Ast, von Baum zu Baume sprang. Als darauf fürchterlich schnatterndes Geschrei in der Luft ertönte, da wusste Herr Tanzmann schon genug, noch ehe er die Radaubrüder sah. Aha, die wilden Gänse – natürlich! Er

9 Auf kargem Boden gedeihende Pflanze, Gattung der Kreuzblütler mit weißen bis rötlichen Blüten.

musste wieder an die Frau Tanzmann denken, seine Mutter, die von Ende Februar bis Ende März, bei jedem neuen Zug von Wildgänsen sagte: Gib acht, was ich dir sage. Nun kommt der Frühling ins Land! Er kam auch jedes Mal wirklich, darin hatte sie recht; einmal früher, einmal später. Nun flogen die wilden Gänse, in regelmäßiger Keilform, ein Gänserich an der Spitze, schnatternd über den Himmelsbogen dahin. Grüßt Andree von mir, sagte Herr Tanzmann, wenn ihr wieder in eure nordische Heimat zurückkehrt, und gewöhnt euch das abscheuliche Schnattern ab, das partout zum Frühling nicht passt!

Besser passte dazu schon das Gaukelspiel eines Fuchsschmetterlings[10], den die warmen Märztage zu einem vorzeitigen Ausflug veranlasst haben mochten. Er schien einer der windigsten Gesellen seiner Art zu sein. Ohne Beständigkeit sah er sich ein paar Gänseblumen am Wegrande an, dann flog er an Herrn Tanzmanns Nase vorbei und dann in weitem Bogen über den Weg und dann war er verschwunden. Er war absolut nicht mehr aufzufinden, obwohl Herrn Tanzmanns Augen ihre ganze Ehre einsetzten, ihn zu entdecken. Ohne Zweifel hatte er sich ins Gras geduckt, die Flügel mit den glänzenden Oberseiten zusammengeklappt, dass er aussehen mochte wie ein welkes Blatt. Nun sollte ihn einer unter den Tausenden von Blättern, die im Grase des Wegrandes lagen, herausfinden!

Beim Suchen im Grase bemerkte Herr Tanzmann, dass auch das kleine Getier schon lebendig geworden war. Schwarze Spinnen huschten über das gelbe Gras, und aus der Öffnung eines kleinen sandigen Erdhügels trugen kleine geschäftige Ameisen Sandkorn um Sandkorn heraus.

Da wo der Wald zu Ende ging, stand ein altes Försterhaus, mit dem eine Gastwirtschaft und eine Schmiede eine kleine Ansiedelung bildeten. Der Garten des Försterhauses zeigte bereits die ersten Spuren der Bestellung. Er war sauber aufgeräumt und die Beete frisch gegraben. Aus dem schwarzen Erdreich guckten bereits die ersten Blätter der Erbsen und Radieschen hervor, die vor einigen Wochen gesäet sein mochten. Herr Tanzmann musste lebhaft an seine Kindheit denken, wo er jeden Tag einige junge Radieschenpflanzen ausgerissen hatte, um nachzusehen, ob sie schon essreif wären. Ehe es aber wirklich soweit kam, waren gewöhnlich die Radieschen zum Entsetzen der Frau Tanzmann schon alle herausgezupft. Sie glaubte dann, die Engerlinge hätten sie abgefressen, setzte die Brille auf, was sie immer bei feierlichen Gelegenheiten tat und sagte: Es

10 Gemeint ist der Kleine Fuchs (häufiger) oder der Große Fuchs (Rüsternfalter), orangebraun mit schwarzen und blauen Flecken, lebt in Europa, Algerien, Asien.

kommt eben, wie es kommt. Und kommt nichts, na so kommt eben nichts!

An den Rändern der Beete standen buschige Stachelbeersträucher, die bereits im zarten Grün der Blätter prangten. Die Johannisbeeren waren noch weit zurück, aber auch an den Fliedersträuchern hatten sich die ersten kleinen Blätter aus den Knospentrieben abgewickelt. Das Auffälligste an dem Garten aber waren die schönen blauen Scillablüten und die gelben Krokus; die anderen Zwiebelgewächse, die Tulpen und Hyazinthen, die Kinder wärmerer Gegenden, hatten nur eben erst ihre dicken Triebsprossen aus der Erde gesandt.

Das Försterhaus war mit Efeu umwachsen und von alten hohen Tannen umrahmt, die diesem Heim Sommer und Winter dasselbe malerische, ein wenig ernsthafte Aussehen verliehen. Eine alte ehrwürdige Ulme, die an der Straße stand, und die jetzt blühte, bot mit dem zarten hellbraunen Schimmer ihrer Äste ein merkwürdiges Gegenstück zu den düsteren Tannen. Herr Tanzmann stand bewundernd vor diesem alten Baume, dessen Krone jetzt, ohne dass sie Blätter hatte, doch vollständig dicht mit unscheinbaren, aber freilich sehr zahlreichen Blüten besetzt war.

Es ist doch seltsam, dachte Herr Tanzmann, dass niemand unsere Laubbäume zu ihrer Blütezeit malt. Sollten die Maler nie blühende Ulmen und Pappeln gesehen haben, oder sollten sie wissen, dass jeder, der so etwas auf dem Bilde zum ersten Mal sehen würde, sagen könnte: Bäume mit rehfarbenen, purpurnen und grauen Blättern! Der Kerl ist wohl verrückt!

In den Zweigen der Ulme führten ein paar schwarzweiße Elstern ein fürchterlich skandalöses Gezänk auf, so dass die Spatzen auf dem Staketenzaun des Försterhauses aufhorchten und ein paar Rotschwänzchen sich in die Dachluken flüchteten.

Das fehlt bloß noch, sagte Herr Tanzmann entrüstet, dass solches Galgenzeug hier noch die Singvögel und den Frühling vertreibt und entstellt.

Im ersten Frühjahr war er immer sehr empfindlich und verlangte nur leise Töne und leichte anmutige Farben. Es half ihm aber nichts. Kaum war er aus der Ansiedelung hinaus, so vernahm er von neuem ein aufdringliches Schreien und Schnattern. Und in regelmäßiger Keilform, ein Männchen an der Spitze, zog ein neuer Schwarm Wildgänse nordwärts über den Himmelsbogen dahin.

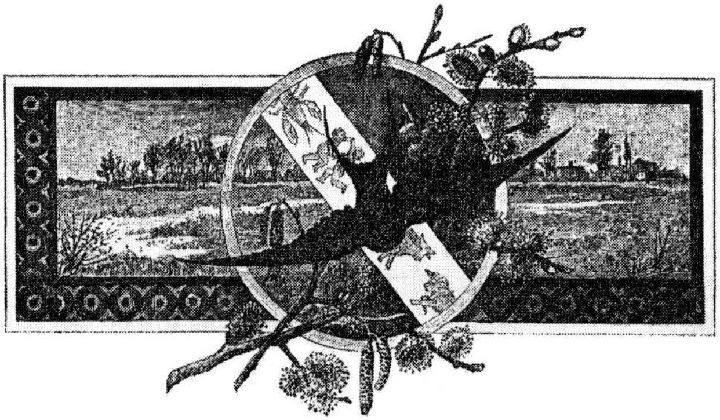

April.

Auf einer Berglehne, die sich beträchtlich über die umliegende Gegend erhob, stand Herr Tanzmann und blickte auf das Land zu seinen Füßen herab. Er sah aber nichts, gar nichts. Er konnte und wollte auch nichts sehen, denn ein mit leichtem Schnee untermischter Regen prasselte unbarmherzig auf seinen eingezogenen Kopf und seinen gekrümmten Rücken herab, so dass das Wasser von der Krempe des Kalabresers und den Zipfeln des Jacketts strahlartig hernieder floss. Herr Tanzmann sagte nichts anderes als das eine Wort: Entzückend!

Bei der Gemütsart des Herrn Tanzmann könnte dieses Wort falsch aufgefasst werden. Er meinte es aber wirklich ganz ernst. Er war gerade auf seinem diesmaligen Spaziergange mit dem Wetter beschäftigt und es entzückte ihn, dass dasselbe sich in den mannigfaltigsten Abwechslungen erging. Frost, Kälte, Wärme, Schnee, Regen, Graupeln, Sonnenschein, ein Gewitterschlag, alles hatte es seit früh 6 Uhr, wo Herr Tanzmann Berlin verlassen hatte, bereits gegeben. Nun war noch Schnee und Regen zusammengekommen. Kurzweiliger konnte keine Witterung sein. Die Uraniasäulen[11] hatten schönes Wetter prophezeit, die Zeitungen Regen, der Wirt vom Blauen Krug Schnee. Alle drei hatten vollständig recht gehabt in ihrer Art, und Herr Tanzmann konnte einmal wieder konstatieren, dass das Wetterprophezeien eine leichte und Anerkennung bringende Sache ist für die Wissenschaft wie für den Laien, nur darf man nicht unbescheiden

11 Wettersäule mit Uhr und meteorologischen Instrumenten, Wetterkarten und Wetterprognosen. Oft fehlerhaft wegen der Temperaturempfindlichkeit der Säule.

sein und glauben, dass die Prophezeiung durchaus in Erfüllung gehen müsste; aber irgendwie und irgendwo trifft die Prognose schon einmal zu, darauf kann man Gift nehmen!

Der Schneeregen wütete weiter. Schwarze aufgelöste Wolkenmassen zogen, vom Westwind gepeitscht, in niedriger Höhe über die Erde hin und verfinsterten den Tag. Dann aber wurde es im Westen wieder hell, und nun sah Herr Tanzmann, wie sich das Ungewitter nach dieser Richtung zu in gerader Linie von dem blau erstrahlenden Westhimmel abhob. Dort unten lachte bereits die Sonne über den Fluren, und das Wetter wich mehr und mehr nach Osten. Ein paar Augenblicke und das Gewölk schüttete die letzten Tropfen auf Herrn Tanzmann, dann zog es schnell davon. Der Wanderer folgte ihm mit dem Blick, wie es schattenartig nach Osten trieb und am Himmel eine breite Wand von regelmäßigen Wasserstreifen bildete. Jetzt erschien das Unwetter ganz klein, obwohl es vorher, während es noch über Herrn Tanzmann hernieder prasselte, ausgesehen hatte, als ob die ganze Welt in Wasser, Schnee und Finsternis versinken wolle.

Nun lachte die herrlichste Frühlingssonne am blauen Himmel. Die Lerche begann wieder zu singen, und ein gelber Zitronenvogelschmetterling flatterte suchend umher. Der Wanderer überschaute die Gegend, die bereits im ersten zarten Grün des Frühlings prangte. Auf den Wiesen, die unterhalb des Hügels lagen, war junges Gras hervor geschossen, allein es stach zu dieser Zeit doch wenig hervor, da jetzt die breiten Köpfchen des Löwenzahn und die offenen Blüten der Sumpfdotterblume den Wiesen ein leuchtendes Gelb gaben.

Aha, sagte Herr Tanzmann, jetzt sind wir im Zeichen des Gelben, in einigen Wochen kommt dann das Weiße, später das Rot. Merkwürdig, dass die Pflanzen solche Masseneffekte lieben. Nichts weiter als Reklame, elendigliche Reklame!

Und als Herr Tanzmann den öden, von noch immer schwarzbraunem Heidekraut bestandenen Hügel hinab lief und an die Wiese herantrat, hörte er ein Summen von Bienen und anderen Insekten, die die gelben Blumen umschwärmten. Aha! Da sind die Kerls, sagte er, auf die die Reklame es abgesehen hat. Zum Glück sind die Waren in der Natur wenigstens nicht verfälscht.

Und er sah, wie die Insekten auf den Blüten Platz nahmen, wie sie sich förmlich hinein verkrochen und den Honig aus ihnen sogen, er sah, wie sie dabei mit dem Blütenstaub ihren Körper einpuderten, wie sie zu anderen Blüten flogen, und der Staub dort auf den Narben der Stempel hängen blieb, so dass die Blumen dadurch befruchtet wurden.

Ja, die Natur hat ihre Wunderlichkeiten, sagte Herr Tanzmann nachdenklich. Hier bei den Blumen ist die Verheiratung das reine Geschäft wie bei denen in Groß-Berlin. Die Insekten sind die Heiratsvermittler, und der Honig ist der Kuppelpelz.

An der Wiese standen weißstämmige Birken, die mit dem ersten unendlich zarten hellgrünen Laub leicht behangen waren und in diesem ersten Frühlingsschmuck ein überaus anmutiges wohltuendes Bild boten. Die anderen Bäume, die ringsumher verstreut standen, hatten ihre Blätter noch nicht so weit entfaltet. Aber das Buschwerk, das einen am Hügel hinführenden Fußweg begleitete, hatte sich auch bereits mit einem zierlichen Grün überzogen. Besonders der Holunder und die Heckenrose hatten schon ihr volles Blattwerk bekommen. Und plötzlich blieb der Wanderer stehen. Ein wunderbarer Veilchenduft erfüllte die Luft. Und nun sah er nahe den Büschen im Grase verborgen die kleinen Blumen, denen es in ihrer schattigen Einsamkeit so wohl zu gefallen schien.

Und ihr, ihr Bescheidenen, dachte Herr Tanzmann, ihr werdet in das grelle Licht und das Gewirr der Großstadt gerissen und zusammengebündelt, einen Sechser[12] das Bukett, an die Herren der Friedrichstraße verkauft. Ja, ja, ein Päckchen Unschuld für einen Sechser, soviel kann man dafür schon ausgeben.

Als er den kleinen Fußweg weiter hinschlenderte, ließ sich von einem nahen Laubwäldchen her der Kuckuck vernehmen. Herr Tanzmann zählte andächtig wie ein Kind die Rufe, indem er an die Frau Tanzmann, seine Mutter, dachte, die das auch immer tat. So viel Rufe, so viel Jahre hat man noch zu leben. Die Frau Tanzmann lebte danach noch sehr verschieden lange. Wenn der Kuckuck über dreißigmal rief, dann sagte sie freilich überlegen, wenn auch mit verhaltenem Glücksgefühl: Nein, Herr Tanzmann, nein, ich glaube es nicht, so lange lebe ich nicht mehr, nein, nein. Wenn er aber bloß einmal rief, dann war das Unglück groß. Du wirst sehen, Herr Tanzmann, dies Jahr gehe ich ein, jawohl, ganz bestimmt! So schwankte sie von Freude zu Trauer, mitunter mehrere Mal an einem Tage. Während Herr Tanzmann daran dachte, zählte er bereits 51 Rufe. Das war ihm doch zu stark. Er nahm seinen Hut ab und klatschte ihn heftig auf die hohle Hand. Das Geräusch vertrieb den allezeit schüchternen Kuckuck sofort von seinem immerhin sehr entfernten Standorte. Herr Tanzmann sah den dunklen, taubengroßen Vogel jäh hinweg fliegen und in der Ferne verschwinden.

---

12 Münze im Deutschen Reich, Berlinisch für Fünfpfennigstück.

Im Westen zog von neuem ein Wetter auf. Zunächst lag es als eine schwarzgraue Wand über dem Horizont. Aber allmählich breitete es sich aus und rückte näher herauf, während noch die Sonne in vollem Glanze schien. Man konnte aber schon deutlich die Wasserstreifen des Ungewitters sehen. Es waren gelblich weiße Wolken dabei, die auf nichts Gutes deuteten. Herr Tanzmann sah ganz genau, wie das Wetter heranrückte, wie es einige hundert Meter von ihm bereits regnete und wie die Wolken- und Regenmasse, von einem wütenden Weststurm getrieben, näher und näher rückte und die ganze Landschaft in ihre schwarze Finsternis aufnahm. Herr Tanzmann klappte den Jackettkragen hoch, zog die Krempe des Kalabresers nieder und duckte sich unter einen Holunderbusch.

Diesmal wird es wieder entzückend werden! dachte er. Es wurde in der Tat entzückend. Das Wetter kam mit Blitzesschnelle heran, die Sonne verschwand, und der Regen prasselte in Strömen hernieder. Man konnte nicht zehn Schritt weit sehen, so groß war das Dunkel, das von dem Unwetter ausging. Die Blätter des Holunderstrauches nahmen die ersten Regentropfen auf, nach kurzem aber ließen sie diese in gesammelter Ausgabe auf Herrn Tanzmann herabrieseln. Bei dem Regen ließ es das Aprilwetter aber nicht bewenden. Es folgten bald Graupeln, Schloßen[13] und kleine Hagelkörner, die so wütend auf des Wanderers Kopf und Hinterseite prallten, dass dieser sich ganz in das Geäst des großen Busches verkroch, um nicht mit blauen Flecken heimzukehren. Trotz alledem konnte er es sich nicht versagen, verstohlen nach dem Treiben des Wetters auszulugen. Die Hagelkörner schlugen mit surrendem Geräusch auf den Boden, der bald mit einer dünnen Schicht weißer Eiskügelchen bedeckt war. Sie waren stark genug, um die Blätter der Gebüsche unsanft anzufassen, zum Glück aber ging der Hagelschauer schnell vorüber, und die Eiskörner zerrannen schnell in Wasser. Darum ließ der Regen freilich noch nicht nach. In Strahlen klatschte er auf den Boden und spritzte zerstäubend ein Stück wieder in die Höhe. An der öden Berglehne rann das Wasser jetzt von verschiedenen Seiten zusammen, bohrte sich Rinnen, die sich wieder vereinten und schließlich einen kleinen Bach bildeten, der gurgelnd herabfloss. Dabei schwemmte das Wasser die Erde mit sich fort, färbte sich ganz trüb und spülte den Sand herunter an den Fuß des Hügels. Offenbar hatte der Regen diese Tätigkeit seit einem undenklichen Zeitraume geübt, denn der Wanderer bemerkte jetzt, dass der Hügel nicht in einem gleichmäßigen Bogen zu den Wiesen herab fiel, sondern vor

13 Hagelkorn oder auch Graupelregen.

diesen sich in eine breite, rampenartige Bühne abflachte. Diese Erdbühne, auf welcher sich eben der Fußweg hinzog, war ohne Zweifel der Schwemmsand, den das Regenwasser von dem Hügel im Laufe der Jahrtausende herabgespült hatte.

So flacht sich nun die Erde allmählich ab, sagte Herr Tanzmann zu sich, wenn nicht einmal wieder eine große Revolution eintritt, werden wir nach und nach platt werden, wie eine russische Steppe.

Unterdessen hatte der Regen nachgelassen, das Wetter war wie vorher schnell davongeeilt, und die Sonne strahlte wieder vom blauen Himmel. Blätter und Blumen und Gräser glänzten wie im Morgentau, und von den Sträuchern rollten noch lange schwere Wassertropfen. Der Wanderer schlenderte weiter an den gelbblühenden Wiesen hin. Nach einiger Zeit jagte er einen Storch auf, der mit seinen langen Beinen im Grase neben einem Wiesengraben gestanden und eben einen Frosch verspeist hatte. Der Vogel flog mit lang ausgestreckten Beinen und gewaltig wuchtenden Flügelschlägen davon nach der Richtung, wo die Frau Tanzmann, seine Mutter, wohnte.

Oh weh, wenn die den Klapperstorch sieht! dachte Herr Tanzmann lächelnd. In dem Punkte hat sie auch einen kuriosen Aberglauben, obwohl sie jetzt 55 Jahre alt ist ...

Und weiter ging Herr Tanzmann auf dem Fußwege, zur einen Seite die gelbblühenden Wiesen, zur anderen bald ein kleines Laubgebüsch mit eben ergrünenden Bäumen und Sträuchern, bald ein Stück Kiefernwald, in dem die Heidelbeeren eben ihre jungen Blätter bekommen hatten, bald ein saftig grünes Roggenfeld, dessen Halme bereits fußhoch emporgeschossen waren. Schließlich gelangte Herr Tanzmann an einen kleinen, weißglänzenden See, dessen Ufer mit schwärzlich-grünen Kiefern bewachsen waren. Im Uferwasser stand noch das gebleichte dürre Schilf des vorigen Jahres, aber bereits kamen die hellgrünen Sprosse der jungen diesjährigen Pflanzen über den Wasserspiegel hervor. Ein wirres Gespüle von alten Pflanzenstengeln, Bruchholz, leeren Muschelschalen lag am Strande, aber schon schwammen die dicken, keimenden Wurzelstücke des Wasserampfers, junge Pflanzen der Wasserschere und des Froschbisses am Ufer umher. Und zwischen den leeren Molluskenschalen krochen lebende Schnecken in mannigfaltig geformten Arten hin und her. Aus dem Schilf flogen mit viel Geschnatter wilde Enten auf, die nahe am jenseitigen Ufer sich wieder niederließen, sich jagten und bald über das Wasser rauschten, bald in die Höhe flogen in wechselndem Liebesspiel. Überall wurden die Spuren des vergangenen Winters durch kräftig sich regende Zeichen des vollen Naturerwachens verdrängt. –

Mai.

Der Weg führte mitten durch einen Laubwald, der im vollsten frischen Frühlinsgrün prangte. Das Heer der Bäume bildete ein dichtes Blätterdach, zartgrün und doch unendlich reich und üppig. Die Vegetation war in vollem Zuge; Fülle und Kraft strömte aus dem Schoße der Natur. Im Wettbewerb um Licht und Luft drängten sich die Triebe der Bäume aneinander, so dass die Sonne nur schwer durch das dichte Laubwerk drang und nur hier und da unregelmäßige Lichtflecke auf den grünen Waldboden warf. Da, wo die Sonnenstrahlen den meisten Spielraum hatten, wucherte eine üppige Unterholzvegetation hervor, besonders Haselbüsche und Hainbuchengestrüpp, denen sich kleine Stämmchen von jungen Eichen, Birken und Ebereschen zugesellten. Herr Tanzmann sah sich diese jungen Bäumchen näher an. Es waren furchtbar verkrüppelte Wesen, die durch Hasenfraß und Fußtritte verstümmelt, strauchartig wuchsen und so weiter wachsen mochten, bis ein Stamm des Busches die Oberhand gewann und, zum Baume aufwachsend die Nebentriebe unterdrückte.

Genau wie bei uns! dachte Herr Tanzmann; in der Jugend ein struppig individueller Kerl, den jeder Fußtritt nur noch widerborstiger und energischer macht, und dann im Alter ein aalglatter Herr mit dem einzigen Aufblick nach oben!

Es gab aber auch Ausnahmen, mächtige, knorrige, Eichen mit weit ausladenden eigensinnigen Ästen und rauer, harter Borke[14]; Eichen, die ihre stolzen Glieder behaglich und energisch ausstrecken, als ständen sie auf freiem Felde und nicht im geschlossenen Walde. Im Allgemeinen trugen die Bäume überhaupt kein einheitliches regelmäßiges Gepräge, uralte Riesen standen neben jungen Stämmen, dicke Linden neben

14 Rinde.

schlanken Eschen. Aber gerade diese natürliche Mischung der verschiedenen Bäume gab den vollen Eindruck malerischer Ursprünglichkeit und das in voller Triebkraft stehende und doch maiengrüne Laub erzählte von neuem sein altes Lied von Jugend, Lenz und Liebe.

Der Laubwald gehörte einer kleinen Stadt, die ihn in früheren Zeiten, wo man die Rente pro Morgen noch nicht so genau berechnete, wild wachsen ließ. Später war der Ort gerade wegen des Waldes eine beliebte Aufenthaltsstätte für Sommergäste geworden, und damit hatte dieser in finanzieller Beziehung seine Daseinsberechtigung erwiesen. Diesem glücklichen Umstande verdankte der schöne Laubwald, der sonst wie mancher andere vielleicht längst der Holzaxt anheim gefallen wäre, sowohl seine große Ausdehnung als seinen durch keine „rationelle Forstwirtschaft“[15] verschnittenen, wilden Charakter.

Herr Tanzmann schlenderte langsam auf dem Waldwege dahin, der von Büschen begrenzt und von Ästen überwölbt, einem herrlichen grünen Laubengange glich. Mitunter kam er an einer zierlich belaubten Birke vorüber, dann blieb er stehen, um den frischen Duft der „Maienzweige“ einzuatmen und eine Weile an die Frau Tanzmann zu denken, seine Mutter, mit der er früher als Kind jedes Mal Sonnabend vor Pfingsten ausgegangen war, um Birkenzweige zu holen. Er hatte dann zugleich Kalmusstengel vom Seerande mitgebracht, mit denen sich eine herrliche, von der Frau Tanzmann freilich wenig ästimierte[16] Musik anstiften ließ. Sein Freund Mewis kam extra zu dieser Zeit zu ihm auf Besuch, um zusammen mit ihm zu musizieren. Er schnitzte grandiose Pfeifen aus Weidenrinde und blies darauf noch grandioser und mit einer Ausdauer! – Die Frau Tanzmann verletzte dann gewöhnlich schnöderweise die Gastfreundschaft und trieb schließlich Mewis wieder nach der Himmelsrichtung, von der er hergekommen war! Kurzum, es war eine herrliche Zeit!

Der Waldweg führte wieder an anmutigen Ebereschen vorüber, deren große weiße Blütendolden einen berauschenden, etwas giftigen Duft ausströmten. Auf dem grünen Grasboden des Weges selbst standen gelblichgrün blühende Wolfsmilchblumen in niederen Buketts, blaue Kerzen des pyramidenförmigen Günsels und schneeweiße Sternmieren in weithin leuchtenden Trupps neben anderen, weniger auffällig und vereinzelter blühenden Frühjahrsblumen. Bunte Falter flogen gaukelnd umher in man-

15 Wissenschaftlich betriebener Waldbau, begründet von Hans Carl von Carlowitz (1645-1715): *Sylvicultura oeconomica* (1713). Zielte auf die Steigerung von Produktivität und Rentabilität der Wälder ab.

16 Aus dem älteren Französisch: schätzen oder hoch achten.

nigfaltigen Arten und Farben. Und am Boden kroch ein metallisch glänzender Goldschmiedkäfer schnellfüßig über die Grashälmchen dahin.

Der ganze Wald war belebt vom Gesang der Vögel. Buchfinken trällerten unermüdlich ihre kurze Melodie, und Schwarzdrosseln und Rotkehlchen sangen in wunderbar modulationsreichen, ausdrucksvollen Tönen. Auch Herr Tanzmann fing plötzlich an zu singen, blieb leider aber mitten in seinem Liede stecken, teils aus Ungeübtheit, weil er nur im Mai zu singen pflegte, dann aber auch, weil er zu hoch eingesetzt hatte, so dass er in Töne überging, die es in der Musik gar nicht gibt und die alle Vögel verstummen machten. So ließ er es lieber sein und wandte sich Dingen zu, die er besser verstand. Er verließ den Weg und betrat das Dickicht des Waldes. Das erste, was ihm auffiel, waren zarte Maiglöckchenblüten, die, aus breitem Grundblatt aufsteigend, einen lieblichen Duft verbreiteten. Er hatte auch das Glück, im schattigen Gebüsch kleine Waldmeisterpflanzen zu finden, pflückte ein paar ab, warf sie aber wieder weg, da sie im grünen Zustande doch wenig dufteten, und auf die Bereitung eines Maitranks war bei den schlechten Zeiten auch nicht zu rechnen. Und als er nun vollends auch noch Morcheln entdeckte, wurde er ärgerlich über all die Leckereien, die hier ohne die Kochkunst der Frau Tanzmann brach lagen. Morcheln konnte sie vorzüglich kochen, sie seufzte aber jedes Mal, wenn er ihr welche brachte. Na, das bilde dir man ja nicht ein, sagte sie dann, dass du mir damit einen Gefallen tust. Mit den Morcheln ist es gerade so wie mit dem Portemonnaie: Man muss etwas hineintun können, sonst hat's keinen Wert. Was sie nun für Zutaten nahm, wusste Herr Tanzmann zwar nicht mehr, aber etwas Reelles war es sicher, denn die Frau Tanzmann war ein richtiges Naturkind, das alle Surrogate hasste wie die Pest. Und obwohl wenig Geld im Hause war, herrschte bei ihr doch ein gewisser Überfluss. Sie wusste die Schätze des Waldes und des Gartens, des Kellers und der Viehställe zu heben, und eben diese praktische Naturwissenschaft verlieh ihrem kleinen Gutshofe einigen Wohlstand.

Herr Tanzmann ging an den Morcheln vorüber und blieb an einer Buschgruppe stehen. Sein scharfes Auge sah auf den grünen Blättern eine Menge der verschiedenartigsten, meistens sehr kleinen Insekten sitzen, die sämtlich grün gefärbt waren. Wäre er nicht mit der Absicht an die Sträucher herangetreten, Insekten zu suchen, er hätte gewiss kein einziges gesehen. Ihre grüne Farbe verbarg sie ohne Zweifel vor den Vögeln, ihren Feinden, denen sie mit Leichtigkeit anheim gefallen wären, wenn sie durch ein anders gefärbtes Kleid von den grünen Blättern abgestochen hätten. Der Wanderer schlenderte weiter durch den Wald, bis er an den Rand desselben gelangte, wo sich ein Dorf unmittelbar anschloss.

Er hatte das Dorf einige Monate vorher gesehen. Da war es ein trostloses Aneinander von kleinen Hütten, schmutzigen Wegen und kahlen, krummen Bäumen gewesen. Jetzt erkannte er es kaum wieder. Der Mai hatte es in einen vollen, blühenden Park umgewandelt, in dem hier und da ein idyllisches Häuschen aus dem Grün hervorlugte. Ganz vorn stand ein Trupp dickstämmiger Kastanien, deren runde, breite Kronen mit weißen aufrecht stehenden Blütenkerzen dicht besetzt waren. Die Obstgärten bildeten ein einziges, großes, schneeweißes Blütenmeer, das einen wunderbaren zarten Duft nach bitteren Mandeln ausströmte. Als Herr Tanzmann näher herantrat, konnte er die einzelnen Baumarten deutlich unterscheiden, die kleinen krummen Sauerkirschen, deren Hängeäste mit blendend weißen zierlichen Blüten übersät waren; nicht ganz so schneeweiß waren die Blüten der Birnbäume, die mit aufrechtem, geradem Wuchs in die Höhe strebten, am wenigsten schön sahen die Pflaumenbäume aus, deren hervorbrechende Blätter dem ganzen Baum bereits einen grünlichen Schimmer gaben. Wunderbar aber leuchteten die großen Blüten der Apfelbäume mit ihrem herrlichen Rosenrot. Auf dem Grasboden bildeten die abgefallenen Blütenblätter einen weißen Teppich. In dem einen Garten rannten ein paar Kinder umher, jetzt schüttelten sie einen jungen Pflaumenbaum, wobei einige Maikäfer jählings herunterfielen. Die Kinder sammelten sie auf und eilten damit zu den Hühnern im Hofe, die sie schnell vertilgten.

Der Wanderer ging die Dorfstraße entlang. In den Hecken blühte der Flieder in lilafarbenen Sträußen. In den Gärten prangten Stiefmütterchen und Vergissmeinnicht neben Aurikeln und roten Hängeherzen, stolze, bunte Tulpen neben weißen Narzissen. Die gelbblühenden Goldbeersträucher und die weißen Spiräen bildeten anmutige Buschgruppen. Auch die Gemüsepflanzen waren in üppigem Wachstum, nur Gurken und Bohnen, die Kinder des warmen Südens, streckten eben erst ihre fleischigen Keimblätter aus dem schwarzen Gartenboden hervor.

Eine Stimmung radikalster Friedfertigkeit breitete sich über Herrn Tanzmanns Gemüt.

Schweigen Sie, Herr Tanzmann, sagte er zu sich, reden Sie nicht davon, dass vieles besser sein könnte! Wunderherrlich ist dieser grüne blühende Frieden im Mai! Wenn die dummen Kerls freilich ein bisschen Verständnis hätten, was für herrliche Sachen könnten sie nicht außerdem in ihren Gärten ziehen! Was hat uns Japan und Nordamerika nicht alles gegeben, was hier trefflich gedeihen würde, was hat uns – doch schweigen wir!

Er schwieg nun wirklich und sah den Schwalben zu, die geschäftig um die Häuser, um Ställe und Scheunen flogen in nimmermüdem, anmutigem Fluge. Mit den zierlichen Gabelschwänzchen steuernd, umkreisten sie Herrn Tanzmann in der furchtlosen Zutraulichkeit, die diese Tiere von alters her dem Menschen gegenüber empfinden. Auf den Dächern liefen Tauben gurrend auf und ab, Täuber machten in galanter Aufmerksamkeit den Täubchen den Hof. Und jetzt flog eine Schar hinaus hinter die Gärten über das Feld, wo der Roggen bereits in Ähren ging. Dort drehte die Schar in jähem Bogen um, wobei man einige weiße Tiere im Sonnenschein flimmern sah. Sie kehrten wieder zurück nach dem Hof, der an einer Seite durch einen morschen Bretterzaun von der Dorfstraße abgetrennt war. Hier am Zaun wucherte bereits das Unkraut sehr stark; das gelbe Schöllkraut und die weißen Taubnesseln, die Freunde der Zäune, gediehen hier üppig und mahnten an kommende Arbeit, an den ewigen Kampf des Menschen mit der Natur.

Juni.

Die große, breite Landstraße zog sich mit ihren schnurgeraden Baumreihen meilenweit dahin. Herr Tanzmann stapfte wacker darauf los auf dem weißgetrockneten festen Fahrdamm. Den Freunden, die ihn diesmal hatten begleiten wollen, hatte er sich sanft entzogen.

Nein, Kinder, hatte er gesagt, diesmal ist das kein Weg für euch, dazu sind eure Augen und eure Beine noch nicht reif. Geht ihr heute lieber nach dem Grunewald oder nach Biesenthal.

Und er hatte ihnen geschildert, wie sie vor Hitze und Staub auf der Chaussee verkommen würden, wie sie auf der endlos langen Fahrstraße nach und nach müde, verdrossen, wütend würden, wie sie ihn erst einen närrischen Kauz, dann einen verrückten Dussel, dann einen hinterlistigen Halunken nennen würden, der ihnen einen kostbaren Tag gestohlen hätte; wie sie ihn nach zwei Stunden Wanderung schief angucken, später anrempeln und schließlich durchprügeln würden. So wanderte denn Herr Tanzmann allein dahin, an Baum und Baum vorbei, vorbei an Kilometersteinen und Schutthaufen. Zum Glück war der Tag nicht zu heiß. Gewitterregen hatten die Tage vorher die Luft abgekühlt, und ein frischer Nordwest milderte die Strahlen der Sonne, deren Leuchtkraft ohnehin durch einen zarten weißen Wolkenschleier etwas beeinträchtigt wurde.

Herr Tanzmann war einer von den wenigen, die jetzt noch die Poesie der Landstraße[17] kennen. Drei Jahre war er einst zumeist auf diesen Straßen in der Welt umhergewandert, von Stadt zu Stadt, von Dorf zu Dorf, fast ohne überhaupt eine Eisenbahn zu benutzen. Überall war er nur

17 Grottewitz meint die um 1900 noch übliche handwerkliche Arbeitssuche „auf der Walze“.

kurze Zeit geblieben, nur so lange, um wieder mit ein paar Sechsern weiter zu wandern auf der Landstraße. Offen gestanden, er hatte auch manchmal gefochten und die Nacht im weichen Rasen des Straßengrabens süß verträumt, nach altem Handwerksburschenbrauch die Jacke ausgezogen und sich damit zugedeckt. Doch das waren wilde Sachen, die Herr Tanzmann niemandem erzählte, und außerdem war er damals erst achtzehn Jahre alt gewesen.

Die Straße führte zunächst an ebenen Ackerfluren vorüber. Der Roggen stand in Ähren, aus denen die unscheinbaren Blütenteile lose herabhingen. Er hatte bereits eine weißliche Farbentönung angenommen. Das Meer von Ähren wogte schwer im Winde, tiefe Wellen liefen rauschend über das Millionenheer von Halmen. Im Innern dieser hohen geschlossenen Kornpflanzung war kein Unkraut zu sehen, aber am Rande des Feldes bis etwa einen Meter in das Innere hinein standen unzählige blaue Kornblumen, vermischt mit rotem Klatschmohn und violetten Kornraden. Diese Blumen konnte Herr Tanzmann schon von weitem erkennen, wenn er aber an das Feld herantrat, dann fand er unter ihnen noch manches kleine unscheinbare Gewächs, den Ackersteinsamen, den ziegelroten Gauchheil und manchen anderen Freund des Roggenfeldes. Mit den Kornfluren wechselten sauber behackte Kartoffeläcker ab, deren buschige Pflanzen sich in geraden langen Reihen weit hinzogen. Sie waren bereits ziemlich hoch geworden und fingen eben an, ihre weißen Blüten zu öffnen.

Die Ränder der Straße waren mit hohem Gras bewachsen, das jetzt ebenfalls blühte und mit seinen zierlichen Rispen und Ähren in Verein mit weißen Doldenblütlern, blauem Natterkopf und vielen anderen Blumen einen bunten Teppich bildete. Die Pflanzenwelt war nun auf dem Punkte, wo sie die Blätter vernachlässigt, um ihre ganze Kraft auf die Blüten zu verwenden. Herr Tanzmann wanderte zufrieden weiter.

Der Juni bringt es fertig, sagte er zu sich, selbst magerem Sandboden ein Ansehen von Üppigkeit zu geben. Na, lange wird die Sache ja nicht dauern, eine Woche Hitze und alles ist vertrocknet und verstaubt wie ein Mehlsack.

Auch die Bäume der Chaussee erregten seine Zufriedenheit. Sie waren in üppigem Triebe. Der beim Wegebau verwandte Lehm, die stete Zertrümmerung der Granitsteine, die einen nährstoffreichen Boden bildete, und der Düngerabfall der Zugtiere gab diesen Bäumen den denkbar günstigsten Standplatz. Es waren schöne, breitkronige Ahornbäume, phantastisch verzweigte Ulmen und auch vereinzelte Schwarzpappeln und Eichen darunter.

Er war in eifrige Betrachtung über das Wesen und die Gestalt dieser einzelnen Baumgattungen vertieft, als die Klingel eines Radfahrers[18] dicht hinter ihm schrillte, so dass er aufgeschreckt zur Seite fuhr. Herr Tanzmann war empört. Als ob der Mensch nicht ausweichen konnte, wo doch Platz genug vorhanden war! Und da er nun einmal aufgebracht war, ließ er seinem Zorn freien Lauf.

Ihr seid mir schon die windigsten Gesellen, ihr Radler, sagte er, krummbucklige Tretfüßler, schwindsuchtsberechtigte. Ihr Naturverfahrer, die ihr an Baum und Strauch und Wald und Wiese unachtsam vorüber rast mit dem einzigen Gedanken an die Kilometerzahl, die ihr zurücklegen müsst, ihr armseligen Kilometerphilosophen. Ihr blinden Streber, die ihr die Herrlichkeit der Welt nach Meilensteinen und Radumdrehungen berechnet und keuchend, atemringend, schweißtriefend euer Tagespensum abhaspelt, bloß um wieder zehn Meilen Radfahrt hinter euch zu haben. Ein herrliches Möbel, eure Drehmaschine, die euch das letzte bisschen Naturempfinden ausdreht und mit euch durchbrennt, ehe ihr nur anfangen könnt, euern Verstand zu sammeln. Ja, ja, ihr habt Recht, euch gehört die Zukunft, so katzbuckelnd, mit dem einzigen Wunsche sich vorwärts zu drehen, so macht man Karriere!

Die Chaussee durchschnitt jetzt eine kleine Talsenkung, die aber doch so tief lag, dass der Grundwasserstand den Feldbau nicht mehr lohnend machte. Die Talsohle bildete daher eine kleine Wiese, die durch die Landstraße in zwei Teile geteilt war. Auf der einen Seite, die am wenigsten nass zu sein schien, war das Gras bereits gemäht und lag, einen würzigen Heugeruch verbreitend, in Haufen geordnet da. Ein Maulwurf hatte hier, unter dem Rasen wühlend, kleine Erdhügel aufgeschüttet. Auf der anderen Seite der Chaussee stand das Wiesenland noch im üppigsten Graswuchse. Die Blütenstände des Sauerampfers gaben dieser Wiese einen rötlichen Grundton, in dem die Hahnenfußblüte und Doldengewächse gelbe und weiße Schattierungen hervorbrachten. Den hohen Grundwasserstand konnte Herr Tanzmann nicht nur an dem satten dunklen Grün der Gräser wahrnehmen, er erkannte ihn auch an den schilfig breiten und rohrartigen Gräsern, Binsen und Seggen, die sich hier bemerkbar machten. An der tiefsten Stelle wurde das Wasser sichtbar, ein schmutziges, mit grünen Algen durchsetztes Sumpfwasser, aus dem Weidengestrüpp, einige Erlen und Faulbaumgebüsch hervorragte. Das war der Tummelplatz eines Heeres von Stechmücken, die im Nu Herrn Tanzmann um-

18 Fahrräder galten als gefährlich, vor allem wegen der Pferdedroschken, und waren in Berlin erst nach 1895 erlaubt.

schwärmten, und ehe er sich ihrer erwehren konnte, ihre dünnen Saugrüssel in das Fleisch seiner Hände und seines Gesichtes einbohrten. Herr Tanzmann konnte feststellen, dass die Stiche ihm ziemlich unangenehm waren, während er früher, wie er noch bei der Frau Tanzmann war, seiner Mutter, sich nie etwas aus Mückenstichen gemacht hatte, auch kaum von ihnen belästigt worden war. Diese Tatsache gab ihm nun wieder genügende Veranlassung, böse Worte über die Verweichlichung in Berlin und die Naturentfremdung der Städter auszustoßen. Trotz der Mückenplage und des nassen Bodens trat der Wanderer etwas näher an den kleinen Buschwald heran. Er sah, wie das Laub der Erlen von blauen Blattkäfern ganz und gar zerfressen wurde, und wie auch die Weiden und das Faulbaumgestrüpp von allerhand Insekten heimgesucht wurden. Das stimmte ihn wieder versöhnlicher.

Zum Glück, dachte er, werden wir Menschen nicht allein gepeinigt, jedes Tier, jede Pflanze hat Peiniger, die Eiche soll gegen hundert verschiedene Arten von Blutsaugern haben. Warum sollte sich der Mensch also nicht mindestens zehntausend leisten können?

Die Chaussee war hier in der Bodensenkung mit schönen fiederblättrigen[19] Eschen bepflanzt, es befanden sich auch einige Linden darunter, deren unscheinbare Blütendolden einen weithin duftenden Wohlgeruch verbreiteten. Die Landstraße zog sich dann wieder in langsamer Steigung einige Meter aufwärts zu dem vorherigen Bodenniveau. Wieder führte sie an Roggenfeldern und Kartoffeläckern vorüber. Dann berührte sie eine kleine Ortschaft, die zu dieser Zeit ganz in Akazien gehüllt erschien, deren große, weiße Schmetterlingsblüten einen starken, süßen Duft ausströmten. Die Gärten waren bereits merklich verstaubt, und der abgeblühte Flieder machte einen welken Eindruck. Indes die neu erwachte Rosenpracht, herrliche Nelken und Feuerlilien gab ihnen doch bereits ein üppiges sommerliches Aussehen. An Scheunenwänden und anderen vernachlässigten Plätzen standen große Holunderbüsche, dicht besät mit großen, weißen Blütenscheiben. An regelrecht aufgestellten Stangen rankten die Bohnen bereits anderthalb Meter hoch empor, und weißblühende Zuckererbsen stützen sich auf dürres Reisig, das man, um ihnen Halt zu geben, in die Erde gesteckt hatte. An den Johannisbeersträuchern färbten sich bereits die Früchte rot und ließen an eine baldige Ernte denken. Das war die Zeit, wo Herr Tanzmann früher als Knabe im Garten der Frau Tanzmann Obst zu ernten anfing. Er hatte damals die Gewohnheit,

19 Fieder: veraltet für kleine Feder.

die Früchte immer einige Zeit früher abzunehmen, als sie reif waren. Grüne Stachelbeeren aß er zum Entsetzen der Frau Tanzmann mit großer Vorliebe, er aß sie, ohne eine Miene zu verziehen, während sie bei dem bloßen Gedanken daran einen sauren Geschmack im Munde fühlte. Nun gab es aber sehr viele Sträucher im Garten, und wenn Herr Tanzmann nicht täglich seinen Freund Mewis, der nebenan die Gänse hütete, eingeladen hätte zu gemeinsamer Arbeit, so wären die Stachelbeeren sicher reif geworden, ehe sie abgeerntet gewesen wären.

Der Wanderer setzte seinen Weg weiter fort. Wieder führte die Landstraße an großen Korn- und Kartoffelfeldern vorüber, bis sie nach einiger Zeit einen kleinen Kiefernwald durchschnitt. Es war ein etwa vierzigjähriger Baumbestand, der aber durch eine plan- und verständnislose Privatwirtschaft sich in schlechtem Zustande befand. Der Boden war ganz mager, da ihm die Waldstreu, die herabgefallenen Nadeln, Jahr für Jahr entzogen worden war, die Bäume waren verkrüppelt, und der Bestand wies große Lücken auf. Eine dürre, trockene Luft herrschte über dem armen Boden, in dem nur ein dürftiges, gelblichgrünes Moos einigermaßen gedieh und höchstens hier und da eine magere Grasnelke ihren rötlichen Blütenkopf auf langem, dürrem Stiel erhob. An den Privatwald schloss sich ein staatlicher Forst an. Das Bild war sofort ein ganz anderes. Gerade, hohe Stämme schossen fast üppig aus dem grünen Boden hervor, auf dem selbst junge Ahornbäumchen und Eichen, die sich offenbar von der Chaussee her ausgesät hatten, einige Jahre ein wenn auch kümmerliches Leben fristen konnten. In großen Lagern hatten sich niedere Heidelbeersträucher und Erdbeerpflanzen angesiedelt, die voller Früchte hingen. Herr Tanzmann setzte sich an den Waldesrand neben einen blühenden Brombeerstrauch und tat sich an den köstlichen blauen und roten Beeren gütlich. Er hatte das volle Gleichgewicht seiner Seele wieder erlangt, und als ein Radler keuchend an ihm vorbeistürmte, winkte er ihm freundlich grüßend zu.

Juli.

Am Fuße eines bewaldeten Hügels lag ein kleiner seichter Wassertümpel. An der Kälte des Wassers, an der spärlichen Vegetation und an der Versandung des Grundes erkannte Herr Tanzmann, dass er sich an einer Quelle befand. Er freute sich, dass er hier eine solche interessante Naturerscheinung in unverfälschter Echtheit sehen konnte.

Es wundert mich, sagte er zu sich, dass dieses Stück Erde bisher dem schändlichen Treiben der Verschönerungsvereine entgangen ist, die sonst Quellen zum Haupttummelplatze ihrer ruchlosen Künste ersehen. Es ist wirklich bejammernswert, wie diese Vereine anderwärts die Wasserader bloßlegen, mit Steinen einmauern und das Wasser durch ein Rohr fließen lassen, wie beim Ausguss in einer Berliner Küche. Und er dachte weiter daran, wie sie am Ende des Rohres eine eiserne Schlange oder einen Hundekopf anbringen, der das Wasser höchst geschmackvoll ausspeit. Daran befindet sich dann entweder ein verrosteter Becher, der angekettet ist, damit er nicht davonläuft, oder ein armer Invalide wird dazu verdammt, an der Quelle Wache zu halten und gegen Trinkgeld den Naturtrank in Gläsern zu kredenzen wie in einer Selterwasserbude.

Kurzum, dieser Schmerz blieb Herrn Tanzmann hier erspart. Keine Überschrift, kein Gedicht verriet hier, dass der Wassertümpel eine Quelle darstellte. Der Wanderer musste sich daher Punkt für Punkt das Verständnis dieses kleinen Erdenfleckes zu verschaffen suchen. Zunächst schritt er die Grenzen des Tümpels ab. Da stellte sich heraus, dass das Terrain weiter bergabwärts nass und sumpfig blieb, bergaufwärts dagegen schloss der Tümpel mit einer kleinen, etwa meterhohen Erdwand ab, an der der rohe frische Boden zutage trat. Am Fuße dieser Wand bemerkte Herr Tanzmann an verschiedenen Stellen im Wasser kleine Strudel, offenbar drang hier die Flüssigkeit aus der Erde in mehreren Adern hervor. Das herausfließende Wasser unterminierte den Boden, so dass dieser nachstürzte und die Erdwand bildete. Das Wasser breitete sich dann zunächst planlos aus, so dass es teils den Tümpel bildete, teils das umliegende Land versumpfte. Woher aber kam das Wasser überhaupt? Der ganze Hügel mit seinem Laub- und Nadelwand und seiner immerwährend dichten Bodendecke stellte ohne Zweifel ein großes Reservoir dar, in dem sich alle Feuchtigkeit der Luft, besonders der Regen sammelte, ohne den Berg hinabzufließen. An einem alten Fuchsbau aber, dessen Eingang unter einem Haselbusche in der Nähe lag, konnte Herr Tanzmann beobachten, dass unter der vorwiegend sandigen Oberfläche des Waldbodens eine feste Tonschicht sich befand, die keinen Tropfen Wasser durchließ. Der Regen musste also bei seinem Einsickern in den Boden schließlich über der Tonschicht Halt machen, die sich wahrscheinlich wie ein Sammelbecken unter der ganzen Fläche des bewaldeten Hügels hinzog. Dieses Becken war nun jedenfalls nach der Seite, wo jetzt die Quelle lag, geneigt und trat hier mit seinem niedersten Rande an die Oberfläche. So fand denn alles Wasser, das der Waldboden des Berges aufnahm und das dann bis auf die Tonschicht niedersickerte, hier seinen Ausweg. Hier trat das Wasser zutage, hier überschwemmte und versumpfte es den Boden, der einen niederen dunkelgrünen Graswuchs zeigte. Im Bereich des Sumpfbodens stand kein Baum und kein Strauch. Das kalte Wasser ließ ohne Zweifel das Aufkommen einer anspruchsvolleren Pflanzenwelt nicht zu.

Herr Tanzmann schritt längs des sumpfigen Landstreifens hin bis zu der Stelle, wo sich das Wasser in einem kleinen Bache sammelte und nun schneller, traulich plätschernd, dahinfloss. Zunächst zog sich der Bach unter dem dichten grünen Dache von Buchen hin, die seine Ufer so beschatteten, dass keine Vegetation an ihnen aufkommen konnte. Späterhin, als der Bach durch Aufnahme der Waldesfeuchtigkeit mehr gewachsen und breiter geworden war, waren seine Ränder mit einem üppigen Grün bedeckt. Zwischen den spießförmigen Blättern der Wasserschwertlilie, den Rispen des Süßgrases und den mächtigen Blättern des Wasserampfers schauten die himmelblauen Blüten des Sumpfvergissmeinnichts und die weißen Quirltrauben des Froschlöffelkrautes hervor. Langfüßige Teichläufer hüpften über das Wasser und glänzend schwarze Taumelkäfer spielten auf der Oberfläche ihr unermüdliches, drehendes Spiel.

Der Bach verließ schließlich den Wald und zog sich nun in unzähligen Windungen durch die Fluren dahin. Sein Lauf war auf weite Entfernungen hin durch ein dichtes Gebüsch gekennzeichnet, das seine Ufer einfasste. Es waren besonders Erlen, die als kleine Bäume oder mächtige Sträucher dicht aus dem Rande des Baches hervorstiegen und sich gewissermaßen an ihn anklammerten, ihn begleiteten und festhielten, um von seinem Wasser mit immer durstiger Kehle zu trinken, und in seinem Schutze vor der Ausrottung durch die Holzaxt gesichert zu sein. Auch Weiden folgten dem Laufe des Baches, als kleines Gebüsch aber füllten der Kreuzdorn und der Faulbaum die Lücken aus, die Erlen und Weiden übrig ließen. In das Wasser hinein breiteten sich die dünnen braunen Äste des schwarzen Johannisbeerstrauches aus und die Ranken des Bittersüß schlangen sich mit ihren violett und gelb gefärbten Blüten hoch in das Geäst der Erlen.

Herr Tanzmann konnte das fließende Wasser nur von Zeit zu Zeit sehen, obwohl er dicht am Bache entlang ging, denn Bäume und Sträucher waren so eng von großblättrigem Hopfen umschlungen, dass der Bach streckenlang wie mit undurchdringlichen Wänden eingefasst und von einer dichten Decke überhangen war. Wo er aber ganz an den Rand herantreten konnte, sei es, dass hier ein zu hoch gewordener Baum der Holzaxt anheimgefallen war, sei es, dass das Wasser selbst das Gebüsch weggespült hatte, da hatte er prächtige Durchblicke über das in einer Laubhalle dahinfließende Wasser. An diesen offenen Stellen hatte sich eine üppige Staudenvegetation entwickelt. Rotblühende Weidenröschen, blaue Veronika und lilafarbene Wasserminze bildeten im Verein mit weißen Doldenblütlern einen meterhohen dichten Ufersaum.

So oft Herr Tanzmann an das Wasser herantrat, schreckte er einige Frösche auf, die im feuchten Grase sitzend, Insekten auflauerten. Sie fühlten sich außerordentlich behaglich, lagen auf ihrem dicken Bauche und wenn sie eine Fliege gewahrten, sprangen sie auf und schnappten das Tierchen sehr geschickt im Sprunge weg. Alsdann lagen sie wieder ruhig auf dem Bauche und sahen mit ihren Glotzaugen in die Welt. Wenn aber Herrn Tanzmanns Fuß nahe daran war, auf sie zu treten, bekamen sie einen Schrecken, sprangen auf und plumpsten, eine helle Flüssigkeit hinter sich spritzend, in das Wasser und Herr Tanzmann sah ihnen nach, wie sie mit ihren langen Beinen das Wasser durchschnitten und eilig davonschwammen.

Es war ein schöner, heiterer Tag. Das helle Sonnenlicht gab dem wolkenlosen blauen Himmel einen weißlich flimmernden Schein. Es war sehr heiß, aber das Ufergebüsch gewährte Herrn Tanzmann genügenden

Schatten. Und obwohl über den Stoppelfeldern, auf denen die Roggengarben mandelweise[20] aufgeschichtet standen, eine Siedehitze lagerte, so kühlte doch das Wasser und der üppige Pflanzenwuchs die Luft bedeutend ab. Herr Tanzmann folgte denn auch unverdrossen den unzähligen Windungen des Baches, dessen Ufer bisweilen sehr abschüssig waren und dessen Gebüsch so unregelmäßige Linien bildete, dass der Wanderer nur im Zickzack gehen konnte. Dazu stießen von Zeit zu Zeit auch Kartoffelfelder an den Bach, und die bereits sehr hohen Pflanzen drängten sich so an das Ufergebüsch heran, dass Herr Tanzmann die Zweige des letzteren öfter zur Seite biegen musste, um die Kartoffeln nicht zu zertreten. Das Misslichste aber waren die stachligen Ranken der Brombeeren, denen man vorsichtig ausweichen musste, damit man nicht an ihnen hängen blieb und sich Kleider und Haut zerriss. Trotz dieser Schwierigkeiten blieb Herr Tanzmann guter Laune. Denn obwohl er über die Gebilde der Menschen leicht in Aufregung geraten konnte und schnell und unbedacht ein böses Wort hinwarf, so konnte ihn die Natur nie außer Fassung bringen. Sie war für ihn die Meisterin, der er willig folgte, das Gesetz, dem er sich blind unterwarf.

Als Herr Tanzmann den vielen Windungen des Baches folgte, sah er, dass in dieser Bildung von Schlangenlinien ein gewisses System lag. Selbst wenn das Wasser zunächst in gerader Linie geflossen wäre, so hätte doch leicht ein in den Bach wachsender Erlenbusch oder ein Stück eingestürzten Ufers sofort eine andere Strömung hervorgebracht. Das Wasser hätte einen Widerstand gefunden, wäre hier abgeprallt und zum entgegengesetzten Ufer hinüber gelenkt worden, von hier wiederum nach der anderen Seite und so fort. So wäre die Strömung dann in einer Zickzacklinie verlaufen. An allen den Punkten aber, wo das Wasser anstieß, musste sich der Boden abbröckeln, hier riss das Wasser stetig Erdreich hinweg. An allen Stellen des Ufers hingegen, die von der Strömung nicht berührt wurden, musste sich der losgerissene Boden, überhaupt alles Gespüle ablagern. So war denn das Ufer an den Strömungsstellen steil, vom Wasser unterspült, während an den toten Rändern sich Landzungen von flachem schwarzem Boden in den Bach hineinschoben. Und dieses Abnagen auf der einen und das Anschwemmen auf der anderen Seite trug nur dazu bei, die Richtung des Wasserstoßes stets zu verändern und die Windungen des Baches komplizierter zu machen.

---

20 Zählmaß: etwa 15 Garben.

So schlängelte sich der Bach durch die Fluren dahin. Bisweilen zog er sich auch an einem Felde gelbblühender Lupinen hin, von denen ein schwerer, süßer Geruch ausging. Zuweilen streifte er ein Haferfeld, dessen Rispen auch der Reife entgegengingen. Dabei nahm der Bach bald von rechts, bald von links einen kleinen Zufluss aus den Gräben der Fluren auf, die freilich jetzt, im Hochsommer, nicht viel Wasser zuführten. Im Frühling und Herbst mochte das anders sein, und Herr Tanzmann konnte an der Höhe der Bachrinne erkennen, dass der Wasserstand zuweilen bedeutend höher sein musste. Erst späterhin gelangte der Wanderer an eine Stelle, wo die Ufer des Baches sehr flach waren, und wo sich das ganze Bachterrain zu einer langgestreckten feuchten Wiese ausdehnte. Die Wiese, die sich jetzt vom Grasschnitt im Juni wieder erholt hatte und schön grün aussah, mochte zu Zeiten hohen Wasserstandes völlig überschwemmt sein und dann ein großes, breites Flussbett bilden. Die anliegenden Äcker wurden dabei vom Wasser verschont, da sie sich in steiler Böschung einige Meter hoch über die Wiese erhoben. Der Bach selbst wurde immer breiter, er war wohl selbst vom besten Turner nicht mehr zu überspringen und Herr Tanzmann musste, wenn er von einem Ufer zum anderen wollte, die primitiven Brücken der Landleute benutzen: zwei morsche Erlenstämme, die nebeneinander über den Bach gelegt waren.

So wanderte Herr Tanzmann noch lange an dem freundlichen Bache hin, bis dieser sich schließlich in einen Fluss ergoss. Noch eine Weile konnte man das frische Bachwasser in dem trübe dahinschleichenden Flusse sehen, dann verteilte es sich und vereinte sich mit ihm.

August.

Auf einem schmalen Grenzrain schlenderte Herr Tanzmann zwischen den leeren Stoppelfeldern dahin. Die Ernte war vorüber, zwischen den gelben Roggenstoppeln machte sich schon das Grün der Ackerwinden, der Quecken und der durch Körnerausfall entstandenen neuen Roggenhalme bemerkbar, die Haferfelder dagegen, die erst vor wenigen Tagen abgeerntet sein mochten, machten jetzt einen vollständig vegetationslosen Eindruck.

Oh weh, dachte Herr Tanzmann, das ist nun unser deutscher Sommer. Erst wartet man von Anfang März vier Monate lang, bis er kommt, und wenn er da ist, dann nehmen die Tage wieder ab und der Wind pfeift über die leeren Stoppeln.

Der Wind pfiff freilich nicht, sondern es herrschte eine vollkommene Stille. Es war sogar etwas schwül. Die Luft war mit Wasserdampf erfüllt, und am Horizonte hingen schwere weißgezackte Gewitterwolken. Nur an dieser Wetterstimmung konnte Herr Tanzmann den Hochsommer noch erkennen, denn auch auf dem grasigen Feldrain blühten nur solche Blumen, die noch lange dem Herbste widerstehen, die Schafgarbe mit ihren weißen Doldentrauben, die blaue Zichorie, gelbes Habichtskraut und der weiße Kriechklee.

Die Felder endigten an einem welligen, schluchtenreichen Terrain, das mit kleinen Buschwäldchen besetzt war, die durch grüne Gründe und weiße Sandhügel voneinander getrennt waren. Herr Tanzmann streifte mitten durch das Gebüsch hindurch, das bereits das dunkle Grün des Hochsommers zeigte und an welchem Insektenfraß und Pilzbefall ihre Spuren hinterlassen hatten. Auf den Blättern der Espen waren große schwarze Flecke und das Laub des Spindelbaumes war von Raupen fast ganz zerfressen. Trotzdem regte sich noch immer die schaffende Kraft der warmen Jahreszeit. Die Eichenbüsche und die Faulbaumsträucher waren immer noch in kräftigem Wachstum und ihre Triebe entwickelten immer neue zarte Blätter. Allein die Früchte von Bäumen und Sträuchern begannen bereits zu reifen. Mit gelbroten Beeren überschüttet, prangten die Ebereschen herrlich am Rande des Waldes, neben ihnen belebte der Hartriegel mit seinen grünschwarzen, die Berberitze mit ihren ziegelroten und der Schneeballstrauch mit seinen jetzt gelblichen Früchten das Grün der Natur. Des Wanderers Augen ergötzten sich an diesem bunten Kleid des Waldes, der noch bei voller Sommerkraft doch schon die herrlichen bunten Insignien des Herbstes trug. Er versenkte sich in die Tiefen der Naturrätsel und in die Ideen der Menschen, die die Übergänge wenig beachten und überall schroffe Gegensätze wünschen. In diese Gedanken vertieft, achtete er wenig des Weges, so dass er beinahe über die Menschen gestolpert wäre, die hinter einer breiten Hainbuche lagen und Skat spielten.

Die Spieler, anscheinend gut situierte Leute, waren über die plötzliche Unterbrechung ihrer Hantierung sehr erbost und schrien ihn an:

Nanu, man sachte! Sie können wohl nicht kieken, Mann?

Da kamen sie aber bei Herrn Tanzmann schlecht an. Dessen Gemütsart war so beschaffen, dass er selten die Gelegenheit vorübergehen ließ, eine Derbheit zu sagen, besonders wenn sie sich so schön bot, wie hier. Er sagte also:

Was? Ihr wagt noch, euern Mund aufzutun, ihr hohläugigen Spieler! Ihr, die ihr einem hier die Wege versperrt und die Luft mit euerm infamen Gewerbe verpestet! Schert euch damit in eine alte Spelunke, wo der Tag nicht hinscheint! Aber hier bei hellem Sonnenlicht den Gesang der Vögel mit eurem „Null ouvert“ und „ich passe“ zu überschreien und die grüne Natur anzuskaten, dazu gehört eine Portion Vandalismus, meine Herren, der mit dem Galgen bestraft werden sollte!

Sprach’s und ging wütend hinweg. Die drei Herren sahen einander verdutzt an, als ob ein Irrsinniger in ihren Kreis getreten wäre. Dann aber kamen sie wieder zu sich und schickten dem Weggehenden eine Auswahl gediegener Sonntagsschimpfwörter nach: „Sie alter Fatzke!“, „So’n Dussel!“ und andere mehr.

Herr Tanzmann eilte schnell weiter, ärgerlich auf sich und die heutige Kultur, und warf sich schließlich unter einer alten Eiche ins Gras. Der Himmel hatte sich mehr und mehr verschleiert und die Luft war noch schwerer und schwüler geworden. Der Wasserdunst umhüllte die ganze Natur mit einem dünnen, weißen Flor. Herr Tanzmann legte sich erschlafft auf den Rücken und sah hinauf in die breite Krone des Baumes. Ein paar Eicheln, die noch grün waren, aber bereits ihre natürliche Größe hatten, fielen herab in Herrn Tanzmanns Gesicht.

Wohl mir, dachte dieser, dass die Eiche kein Kürbis ist, oder vielmehr keine Kokos- oder gar Seychellenpalme, denn wenn die einem eine Zentnernuss auf den Schädel wirft, dann ist man für immer von Kopfschmerzen befreit. Schade, dass es bei uns keine solchen Bäume gibt, denn dann würden selbst Skatspieler mehr Interesse für den Baum haben, unter dem sie sich lagern, und der naturwissenschaftliche Sinn würde bedeutend wachsen!

Herr Tanzmann ruhte noch ein Weilchen aus und sah den Ameisen zu, die an dem borkigen Stamm der Eiche auf- und abgingen und da, wo ihre Wege sich kreuzten, einander mit den Fühlern betasteten.

In den Furchen der Borke hatten sich Raupen eingesponnen und auf den Blättern bemerkte er hie und da kleine kugelrunde Wucherungen, die durch den Stich der Eichengallwespe hervorgerufen worden waren. Dann sprang Herr Tanzmann auf und trabte weiter. Zunächst ging er an einem Grunde hin, dessen Gras jetzt vor dem zweiten Schnitt sehr hoch emporgeschossen war. Eine Menge Blumen, blaue Brunellen, rote Kuckucksnelken, weißes Sumpfherzblatt und vielfarbiger Augentrost schmückten das Grün des Grases mit bunten Flecken. Beim Vorübergehen scheuchte der Wanderer eine Menge von Grashüpfern auf, die mit ihren weiten Sprüngen ein stetes knisterndes Geräusch hervorbrachten.

Als Herr Tanzmann wieder an den Rand eines neuen Buschwäldchens gelangte, erwarteten ihn hier reich behängte Himbeer- und Brombeersträucher. Er nahm die Einladung zu dem leckeren Mahle dankbar an, und das Bewusstsein, hier genießen zu können, ohne dass Angebot und Nachfrage den Preis bestimmten, ohne dass überhaupt von Preis und Geld die Rede war, erhöhte den Genuss, ganz abgesehen davon, dass die Ware zweifelsohne frisch und nicht durch die Fortschritte der Chemie verfälscht war. Einige Meter von den Fruchtsträuchern entfernt standen ein paar alte stämmige Holunderbüsche, deren bereits reifende Beeren eine Schar Singvögel angelockt hatten. Die sangen dort beim Schmause in allen Tonarten melodienreiche Lieder der Freude. Herr Tanzmann hätte gern mit eingestimmt, denn er war wieder eitel Lust und Wohlbehagen; aber Gesang war ja seine schwache Seite, das heißt, er war im Herzen voller Melodien, aber er brachte es nicht heraus, nicht einmal mit Pfeifen.

Die Sonne wurde jetzt immer matter, und am Südwesthimmel zog eine schwere schwarze Wolkenwand herauf. Ein paar Schwalben, die sich hier in die Gegend verirrt hatten, flogen tief am Erdboden dahin. Der

Wanderer wurde von Fliegen und Stechmücken gepeinigt, die sich jetzt wie besessen auf seinen Händen und an seinem Halse festsaugten.

Oh weh, sagte Herr Tanzmann zu sich, diesmal bekommen wir ein Donnerwetter, aber nicht zu knapp!

Und er sah sich nach irgendeinem Unterschlupf um, fand aber nichts, da er bei Gewitter nicht unter einem hohen Baum Schutz suchen wollte. So blieb ihm nichts übrig, als sich dem Dorfe zuzuwenden, das etwa eine halbe Stunde entfernt am Ende einer langgestreckten Erdrinne lag, die von dem hügeligen Terrain seitwärts abbog. Herr Tanzmann beeilte sich, denn er wusste, dass ein Gewitter sehr schnell heranzieht. Er fand denn auch bald einen sandigen Feldweg, der an öden Kiefernhaiden vorüber nach dem Dorfe führte. Die Vegetation am Rande des Weges machte einen sehr dürren Eindruck. Strohige gelbe Immortellen und staubige violette Natterkopfblumen hoben sich aus dem spärlichen grauen Grase, und der Thymian bildete zwar schön lilarote aber doch niedere, magere, kreisrunde Polster. Von Zeit zu Zeit kam Herr Tanzmann an einer alten Silberweide vorüber, deren graue Blätter zu dieser öden Landregion vortrefflich passten.

Die Wetterwand war höher heraufgezogen, und bereits ertönten die ersten die Luft dumpf erfüllenden Schläge des fernen Donners. Ein seltsames, trübes, phantastisches Licht gab der Natur ein unheimliches Aussehen. Herr Tanzmann ging in einen leichten Trab über, wobei der lose Sand wie Wasser von seinen Stiefeln rann. Nun führte der Weg mitten durch eine Kiefernhaide, hier wurde das Gras, durch den Schatten der Bäume beschützt, grüner, die dürren Kiefern dagegen strömten, anstatt zu erfrischen, eine Backofenhitze aus, die fast unerträglich war. Der Baumbestand war sehr lückenhaft, silberne Flechten umspannen die Stämme und die Zweige der Kiefern. Doch unter ihnen machte sich das Heidekraut breit, dessen liebliche Blüten sich nun erschlossen hatten.

Der Himmel wurde finsterer, und der Donner ließ sich lauter vernehmen. Herr Tanzmann rannte immer schneller, dabei scheuchte er einen Rehbock auf, der schnell über den Weg setzte und wieder zwischen den braunen Stämmen der Kiefern verschwand. Kurz vor dem Dorfe verließ der Weg wieder den Wald und führte durch eine vollständig vegetationslose Sandwüste, ein Terrain losen Flugsandes, das sich stetig ausdehnte und die Fluren ringsum begrub. Jetzt freilich lag der Sand ruhig da, es dauerte aber kaum eine Minute, so konnte Herr Tanzmann die Tätigkeit dieser kleinen Sahara beobachten. Die Wolkenwand rückte näher heran und ihr voran ging ein heftiger Windstoß, der rauschend über die Gegend strich. Wie mit Millionen Händen schüttelte er die Wipfel der Bäume, die

Stengel der Blumen, die Halme der Gräser, und nun fasste er die Sandkörnchen und trieb sie als dicke Staubwolke vor sich her. Die ganze kleine Sandwüste war in wirbelnder, wallender Bewegung, in der Herr Tanzmann wie im Pulverdampf verschwand. Und während die feinen Körnchen vom Winde weit weggetragen wurden, rollten die schweren surrend am Boden hin, um an den umliegenden Fluren hängen zu bleiben und so das Terrain der Wüste zu vergrößern.

Nun kam das Gewitter heran. Der Donner wurde lauter, blendende Blitze durchzuckten die Luft in gebrochenen Strahlen und gellende Schläge folgten ihnen. Es fing an in großen Tropfen zu regnen. Nun sauste Herr Tanzmann in Karriere dahin, er wollte um jeden Preis mit dem Wetter um die Wette laufen und ihm zuvorkommen. Im Nu war er auf der breiten Dorfstraße angekommen, und nun ging es in mehr gesittetem Trabe vorwärts. Er eilte an Akazien vorüber, die bereits mit braunen Hülsen behangen waren, an dichtkronigen Kastanien, unter denen grüne stachelige Früchte in Mengen lagen, an Gehöften, an Gärten vorüber, in denen die Astern und Georginen[21] schon blühten und die Kletterbohnen sich um drei Meter hohe Stangen rankten. Der Regen ward stärker und die Gewitterschläge dröhnten mit unaufhörlichem Knattern und Rollen. Bevor aber Herr Tanzmann das schützende Wirtshaus erreichte, hatte er noch ein Abenteuer mit zwei wild gewordenen Schweinen zu bestehen, die aus einem Bauernhofe ausgebrochen und von einer Schar Weiber und der Dorfjugend verfolgt, Herrn Tanzmann gerade in die Beine getrieben wurden. Herr Tanzmann wollte die Tiere aufhalten, er fasste das eine am Ohr, es entlief ihm aber quiekend, während der Wind ihm seinen Hut entführte, zum Gaudium der gesamten Zuschauerschaft. Herr Tanzmann rannte seinem Hute nach, holte ihn einmal schon ein und trat mit dem Fuße darauf, der Hut aber entwischte dennoch wieder, eilte weiter und blieb erst an der Tür des Wirtshauses liegen. Da hatte denn Herr Tanzmann nichts weiter zu tun, als dem treuen Gefährten seiner Fahrten zu folgen.

21 Dahlien.

September.

Am Seerande führte, zwischen Ufergebüsch und Kiefernwald, ein kleiner Fußweg dahin. Es war kein künstlich gebauter Steg, die Landleute und die Waldarbeiter hatten ihn durch öfteres Hin- und Hergehen abgetreten, das Gras zerstampft und den Boden bloßgelegt. Hier auf diesem Pfade wandelte Herr Tanzmann seelenvergnügt dahin, glänzend vor Freude und Wanderlust. Denn es war ein schöner, klarer Morgen, und am Morgen war Herr Tanzmann stets vergnügter als am Abend, wo die Rückkehr in die Stadt ihn immer zornig und zu bösen Reden geneigt machte. Obwohl es schon gegen zehn Uhr war, hing der Tau doch noch in dicken Tropfen am Gras. Denn die Septembersonne, wenn sie auch in heiterer Schönheit strahlte, war doch zu spät aufgestanden, und ihre Himmelslinie war zu kurz, als dass sie schon am Morgen den Tau aufgesogen hätte. Jetzt fielen ihre Strahlen auf den See, so dass dieser weiß erglänzte, und sie fielen durch das Ufergebüsch auf Herrn Tanzmanns Gesicht, so dass auch dieses noch mehr erglänzte und aussah wie der Vollmond in einer Frühlingsnacht.

Herr Tanzmann wanderte an dem grünen Gebüsch dahin, indem er vorsichtig über die bloßliegenden Kieferwurzeln hinwegstieg, die sich über den Weg reckten. Der Steg war etwas schräg nach dem See zu geneigt, und Herr Tanzmann konnte ganz genau beobachten, wie etwa in der Mitte des Pfades zwei verschiedene Bodenarten aneinander stießen, der schwarze humöse vom Ufer her und vom Walde her der graubraune Sandboden, auf dem die Kiefern gut gediehen. Das schwarze Humusland dagegen ließ wegen seiner fetten Feuchtigkeit den märkischen Nadelbaum nicht aufkommen, hier dominierten breite Erlenbüsche, mit Faulbaum und Kreuzdorn untermischt. Und um sie schlang sich in seilartiger

Verflechtung und in üppiger Fülle der wilde Hopfen, der mit halbreifen, weißgrünen Kätzchen über und über behangen war. Mit seinen großen Blättern, die er rings um die umschlungenen Erlenbüsche ausbreitete, nahm er seinen Opfern Luft und Licht hinweg. Aber auch ihm saß bereits ein tückischer Feind im Nacken. Um ihn schlang sich mit ihren dünnen rötlichen Stengeln die Seide, schnürte ihn zusammen und nährte sich von seinem Nahrungssafte, indem sie ihre Saugwurzeln in sein Gewebe senkte. Und wo die Seide kräftig auftrat, da verkümmerte der Hopfen, und wo der Hopfen verkümmerte, da atmeten die Erlen erleichtert auf.

Da können Sie sehen, Herr Tanzmann, sagte der Wanderer zu sich, wie es mitunter in der Natur zugeht. Beinahe so schlimm wie unter den Menschen. Ein Schmarotzer wird von dem anderen aufgezehrt. Bloß dass den Pflanzen der Verstand fehlt, der beim Menschen immerhin manchmal vorhanden ist.

Herr Tanzmann wanderte weiter am Gebüsch hin. Zwischen den einzelnen Sträuchern hindurch sah er die weite weiße Wasserfläche vor sich liegen, die rings, soweit sein Auge reichte, von dunklem Kiefernwald eingerahmt war. Nur dicht am Ufer zog sich ein niederer Streifen grünen Laubgebüsches hin, das hier und da von einer weißstämmigen Birke überragt wurde. Das ganze jenseitige Ufer aber spiegelte sich in sanften Linien im See. Die breiten Nadelbaumkronen und die zierlichen Laubzweige der Birken malten sich ab im Wasser, in dem das blaue Himmelsgewölbe in träumender Tiefe lag. Herr Tanzmann blieb öfters stehen, und sein Auge hing an diesem weiten, weißen Wassermeer, das so sehnend einsam in dem düsteren Kiefernwaldrahmen eingeschlossen war. Als Herr Tanzmann weiterging, schnitt ihm für eine Weile drei Meter hohes Schilf die Aussicht auf den See ab. Das Schilf mit seinen rötlichen Rispen ragte wie eine grüne Mauer aus dem Wasser hervor und lehnte sich dicht an das Ufergebüsch an. Es ging ein leichtes Rauschen durch das Rohr, obwohl der Wind nur ganz schwach wehte. Jetzt schwirrten ein paar Vögel durch die Schilfstängel und dann plötzlich erhob sich ein Plätschern und Schnattern, und ein Volk Wildenten floh aus dem Rohrdickicht hinaus ins offene Wasser. Als Herr Tanzmann näher an das Schilf herantrat, sah er, wie auf seinen Blättern Schnecken und Rohrkäfer behaglich ruhten. Auch das Wasser zwischen dem Schilf war von allerhand kleinem Getier erfüllt. Muscheln und Schnecken hingen an faulenden Pflanzenresten, Rückenschwimmer und schwarzgrüne Wasserwanzen gondelten geschickt durch das feuchte Element, und die rote Spinne taumelte in kapriziösen Bewegungen durch die Flut.

Beim Weitergehen wandte Herr Tanzmann auch der anderen Seite des Fußsteges seine Aufmerksamkeit zu. Wo der Kiefernwald hoch und luftig war, da standen in dem grünen Rasen rosa Grasnelken und blaue Glockenblumen. Von Stamm zu Stamm aber hatten die Kreuzspinnen ihre kunstvollen Netze gespannt. Der ganze Wald war mit diesen Netzen erfüllt, die silbern im Sonnenscheine leuchteten. Selbst über den Fußweg war das Gewebe gespannt, so dass Herr Tanzmann nach und nach mit Spinnenfäden ganz behängt war und Mühe hatte, sie von Gesicht und Händen, auf denen sie ein leichtes Jucken wie Haare verursachten, zu entfernen. Wo der Kiefernwald jünger und dichter war, da war der Boden mit brauner Nadelstreu bedeckt. Aus ihr aber erhob sich jetzt ein Heer von Pilzen. Am auffälligsten waren die großen Fliegenpilze, deren zinnoberrote, weiß getupfte Hüte dem Waldboden ein merkwürdig fremdartiges Gepräge gaben. An manchen Stellen stand eine dichte Vegetation von Farnkraut, dessen Wedel der nahende Herbst an den Spitzen bereits braun gefärbt hatte.

Im Übrigen fand Herr Tanzmann Laub und Kraut noch leidlich frisch. Die Früchte an den Büschen waren nun alle gereift und prangten in schwarzen und roten Farben in den mannigfaltigsten Formen und Anordnungen zwischen dem grünen Laube. Herr Tanzmann freute sich wie ein Kind an der bunten Pracht, er kannte von klein auf alle Beeren und Früchte des Waldes und wusste ihre vielfältige Verwendung für Haus und Hof, für Vogelfang und Spiel. Jetzt kam er an einer Menge von Haselbüschen vorüber, die, auch mit trockenem Boden vorlieb nehmend, sich vom Ufer an und dann an der anderen Seite des Fußweges bis weit hinauf in den sanft ansteigenden Kiefernwald hineinzogen. Hier wehte es Herrn Tanzmann doch bereits herbstlich an. Denn die Haselbüsche hatten bereits jene bräunlich grüne Färbung, die bei vielen Sträuchern das erste Anzeichen des nahen Blättertodes ist. Der Wanderer suchte nach Nüssen, aber er fand keine. Wer weiß, vor wie langer Zeit die schon von der Jugend der umliegenden Dörfer weggeholt worden waren. Er wenigstens hatte es, als er noch bei der Frau Tanzmann, seiner Mutter, wohnte, als Ehrensache betrachtet, bereits Ende August alle Haselbüsche der Umgegend zu durchstöbern und die Früchte zu ernten, noch bevor sein Freund Mewis daran dachte, dass sie reif waren. Denn dieser hielt sich genau an die alte Regel, dass man vor dem 1. September keine Haselnuß abpflücken darf. Herr Tanzmann aber besorgte sein Geschäft so gründlich, dass Mewis tagelang umherirrte und nichts fand, und Jahr für Jahr klagte, dass die Eichkätzchen die Haselnüsse bereits alle gefressen hätten. Herr Tanzmann stimmte ihm bei, einmal merkte Mewis aber doch, dass der Sack, der auf Tanzmanns Dachboden hing, voller Haselnüsse war. Von dem Tage an stellte Mewis zwei Wochen lang seine Besuche bei Tanzmanns ein, ein Verlust, der von Herrn Tanzmann sehr schwer, von Frau Tanzmann dagegen leichter ertragen wurde, zumal zu jener Zeit Mewis die Leidenschaft hatte, große Steine in den Schmalzbirnenbaum hinter der Scheune zu werfen und mit voll gefüllten Taschen allabendlich den Heimweg anzutreten.

Herr Tanzmann schritt weiter auf dem Fußwege dahin. Noch blühten zwischen den Büschen die zarten Vergissmeinnicht und die krautartige Wasserminze. Aber Weidenröschen und Wasserhanf waren bereits mit dichtem, weißem Flaum bedeckt, in dem sich ihre Samenkörner verbargen. Und jetzt gelangte er zu einer jungen Linde, deren Blätter bereits recht gelb geworden waren.

Merkwürdig, sagte Herr Tanzmann zu sich, dass die Linde der Baum der Liebenden geworden ist. Sie treibt zwar früh im Lenz, doch blüht sie im Sommer und bleicht zuerst im Herbst. Aber daran sieht man eben, dass die Liebe blind ist, und dass es dabei auf lange Dauer nicht abgesehen ist.

Dennoch war der Baum ihm lieb, und die gelben Blätter brachten einen stimmungsvollen Ton in die Septemberlandschaft. Er lehnte sich an den Lindenstamm und sah von neuem zwischen den früchtebeladenen Büschen hindurch auf die weiße Wasserfläche des Sees, der ruhig, wie selbstvergessen, da lag in der dunklen Umrahmung des Kiefernwaldes. Die stille Ruhe lud zum Nachdenken ein, und Herr Tanzmann kramte in dem Schatze seiner Erinnerung.

Manchen See sah ich auf meinen Wanderungen, sagte er zu sich, den azurblauen Gardasee und den düsteren Ammersee, die lieblichen Teiche Frankreichs und den vornehmen Vierwaldstättersee. Aber ich kann nicht sagen, dass ich euch weniger liebte, ihr flachen, weißen Seen der Mark, mit eurer unendlichen Sehnsucht und eurem stillen Heimweh, mit euren melancholischen Kiefernwaldufern, deren dunkle Schatten euch einschließen und abschließen von allem Lärm der Welt!

Plötzlich vernahm Herr Tanzmann schwere Tritte und ein schnaufendes Fauchen, das aus einem dicken Körper kommen musste. Er ging langsam vorwärts, um dem Keuchenden Zeit zu lassen, ihn zu überholen. Bald wurde denn auch ein dicker Mann sichtbar, der schweißtriefend und schnaufend sein wohlgemästetes Bäuchlein vor sich herschob. Er grüßte den Wanderer und fragte leutselig:

„Sie müssen wohl auch laufen?“

Herr Tanzmann wusste nicht recht, wie die Frage gemeint war, und da er böse Absichten witterte, so guckte er den Fragenden ziemlich ungeduldig an. Dieser aber sagte:

„Mir hat nämlich der Arzt verordnet, jeden Tag einmal um den verwünschten See herumzulaufen. Denken Sie sich, drei Stunden über Wurzeln, durchs Gebüsch, 's ist zum Verrücktwerden! Und dabei ist's von unserem Städtchen bis zum See auch noch eine halbe Stunde. Der frühere Arzt war ja vernünftiger, der hat mir wenigstens was Ordentliches verschrieben, jeden Tag eine große Flasche voll. Und zu laufen brauchte ich gar nicht."

„Hat's denn was geholfen?" fragte Herr Tanzmann.

„Das ja gerade nicht", antwortete der dicke Mann. „Aber es war doch auszuhalten. Der neue nun, der hat mir furchtbare Angst gemacht. Nicht ein Jahr sollte ich's mehr treiben, wenn ich nicht täglich hier um den verwünschten See herumgehe."

„Na und hilft denn das?"

„Es ist ja möglich", sagte er. „Ich gehe heute erst zum fünften Male. Es ist mir ja, als wäre mir ein bisschen leichter. Aber ich bitte Sie, wenn so eine Pferdekur nicht helfen soll! Natürlich muss das was helfen! Aber dazu braucht man doch keinen Arzt. Wenn ich mir einen Arzt nehme, dann soll er sich doch Mühe geben, mich zu heilen, dann will ich mich doch nicht auch noch anstrengen! Nicht wahr?"

„Das ist ganz meine Meinung!" sagte Herr Tanzmann. „Doch entschuldigen Sie, ich muss nach der anderen Seite zurück."

Er drückte dem dicken Manne die Hand, der ihn erstaunt anguckte.

„Ja", sagte Herr Tanzmann, „mir hat mein Arzt befohlen, zweimal um den See herumzugehen!"

Dem dicken Manne traten Schweißperlen aufs Gesicht bei dem bloßen Gedanken, dass jemand doppelt so viel gehen müsse wie er, und auf seine dicken Wangen legte sich ein Gefühl tiefsten Mitleids mit Herrn Tanzmann.

Dieser aber eilte schnell zurück, in der Absicht, so lange zu warten, bis der Dicke in gehöriger Entfernung sei. Es ärgerte ihn, dass er dem Keuchenden nicht besser seine Verwünschung des Sees heimgezahlt hatte. Immerhin war es ein schöner Genuss gewesen, das Mitleid auf dem Gesichte des fetten Rentiers zu beobachten. Herr Tanzmann ging zur Linde zurück, lehnte sich von neuem an ihren Stamm und blickte auf die weite, weiße Wasserfläche des Sees. –

Oktober.

Durch den Kiefernhochwald führte ein breiter Fahrweg. Dicke Ahornbäume, in regelmäßigen Abständen gepflanzt, zogen sich an den Rändern der Straße hin und bildeten mit ihrer milden, schwefelgelben Belaubung einen eigentümlichen Kontrast zu dem rauen Grün der Nadelkronen. Die Frische des Herbstmorgens vereinte sich mit dem Duft des Waldbodens und dem Kiengeruche zu einem Hauche urwüchsiger Kraft, der wiederum in grellem Gegensatze stand zu dem Nebel, der die ganze Natur in einen ungewissen leichten Schleier hüllte und auf etwa hundert Meter Entfernung den Gesichtskreis mit einer dichten Wand versperrte.

Herr Tanzmann prüfte den Nebel mit durchdringendem Blick.

Es gibt hier zwei Möglichkeiten, sagte er zu sich. Entweder der Nebel steigt auf und verdichtet sich oben zu Gewölk, dann bekommen wir einen trüben Tag, oder er fällt als Tau herab, dann wird die Luft rein, und wir bekommen das herrlichste Wetter!

Und nun suchte er durch den Nebel hindurch ein Stückchen blauen Himmels zu erspähen. Wirklich schien es ihm, als ob die weiße Dunstmasse nach oben zu dünner würde und einen flimmernden und bläulichen Widerschein erhalte. Und während nun Herr Tanzmann an dem taufrischen Grasrande des Weges entlang, an den gelbbelaubten Ahornbäumen vorüber, munter drauf los marschierte, wurde die Nebelschicht nach oben zu immer dünner und dünner, immer lichter und lichter. Allmählich konnte Herr Tanzmann direkt über sich kleine Flecken blauen Himmels erkennen, während die Sonne wegen ihres tiefen Morgenstandes noch ganz verhüllt war, denn in wagerechter Richtung wurde der fallende Nebel immer dichter und dichter; was er an Höhe verlor, gewann er an Undurchdringlichkeit. Herr Tanzmann konnte jetzt kaum zehn Schritt weit sehen, sein Horizont war so eng geworden, dass er nur ein Stück graubraunen Weges, fünf Meter Grasrand, einen und einen halben Ahornbaum und sechs Kiefern, davon zwei auch nur zum Teil mit seinem Blicke umfassen konnte.

Wir gehen bösen Zeiten entgegen, seufzte Herr Tanzmann. Wir werden immer dümmer und beschränkter. Es liegt ein dichter, drückender Nebel über dem Land, der jeden Blick nach vorwärts hemmt. Oh weh, man wird uns noch ganz die Augen verbinden!

Der Nebel wurde immer noch kompakter. Aber nun zeigte sich ein seltsames Naturspiel. Drüben in einiger Entfernung erblickte Herr Tanzmann plötzlich eine bewaldete Höhe, deren grüne Kiefern von ziemlich hellem Lichte bestrahlt waren. Er war einigermaßen überrascht. Hier unten alles in Nebel förmlich eingewickelt, dass man nur ein paar Schritte weit sehen konnte und da drüben, sicher nur eine halbe Stunde entfernt, dieser Hügel ganz deutlich sichtbar und dabei strahlend und heiter wie ein glücklicher Traum von Zukunft und Hoffnung. War es wirklich nur ein Traum, nur eine Vision? Herr Tanzmann litt nicht an Visionen, träumte nie, trank selten und war überhaupt nicht poetisch veranlagt. Die Sache war, wenn vielleicht auch selten vorkommend, doch ganz klar: Der Nebel war eben so weit gefallen, dass er sich nur bis zu einer geringen Höhe über dem Boden erhob. Alles was darüber hinaus ragte, war nebelfrei und auch für den sichtbar, der nahe genug war, um die Höhe noch in einem hinreichend großen Sehwinkel durch die nach oben zu nur wenig dicke Nebelschicht zu erblicken.

Jetzt aber ging überhaupt die Herrschaft des Nebels zu ende. Denn nun drangen auch die Strahlen der Sonne siegreich durch. Von ihr erwärmt, gingen die kleinen Nebelbläschen in dünne Wasserstäubchen über, die eine Zeitlang in der Luft umher wogten, und dann nach und nach zur Erde fielen. Und nun glänzte die Sonne am milden, blauen Oktoberhimmel, und die recht kühle Morgenluft erwärmte sich rasch. Am Grase des Wegrandes und des Waldbodens strahlte der Tau, und Habichtskraut und Glockenblumen öffneten ihre gegen die nächtliche Kälte zusammengezogenen Blüten von neuem der leuchtenden Sonne.

Dem Kiefernwalde sah man nur wenig die Spuren des Herbstes an. Hier und da freilich erinnerten die braunen Wedel des Farnkrautes, die roten Blätter an den Brombeersträuchern und das gelbe Laub einer Birke an die vorgerückte Jahreszeit. Aber im ganzen hatte er in dem Immergrün seiner Nadelkronen auch jetzt denselben Charakter unvergänglicher Frische, den er das ganze Jahr hindurch zeigt.

Das Bild der Natur änderte sich jedoch sofort, als die Straße den Wald verließ. Herr Tanzmann sah vor sich ein weites Gelände brauner Sturzäcker und lichtgrüner Saatfelder, auf denen der vor wenig Wochen gesäte Roggen eben in dünnen Halmen hervorgebrochen war. Das ganze Gelände lag ziemlich hoch, nur an einer Seite senkte es sich in sanftem Abhang nach Wiesen herab, deren saftiges Herbstgrün von schwarzen Torftümpeln unterbrochen war. Herr Tanzmann wandte sich auf einem Seitenwege nach diesem Abhange hin, wo inmitten von buntbelaubten Bäumen ein kleiner Hof sichtbar wurde. Herrn Tanzmann schlug das Herz etwas schneller, als er sich dem kleinen Hause näherte. Hier wohnte Frau Tanzmann, seine Mutter. Die Hütte sah noch immer so traulich aus wie früher, als er selbst hier wohnte. Das verhältnismäßig hohe Ziegeldach, die grünen Läden zur Seite der kleinen Fenster, die drei Sandsteinstufen vor der braunen Haustür, alles war wie früher. Vor dem Hause zog sich eine Mauer aus Findlingssteinen hin, die ganz mit purpurrotem wilden Wein umzogen war. Herr Tanzmann trat durch die kleine Holztür, die neben dem großen Tor lag, in den Hof, wo vor der Scheune und dem Stallgebäude Hühner, Gänse und anderes Federvieh sich tummelte. Ein großer schwarzer Hund kroch knurrend aus seiner Hütte und bellte den Ankommenden laut an, unterbrach sich jedoch schnell und machte mit den Beinen und dem Kopfe wiegende, willkommende Bewegungen. Herr Tanzmann streichelte das Tier, um dann nach Dorfgebrauch durch die Hintertür in das Wohnhaus einzutreten. Frau Tanzmann war gerade in der Küche und schabte Mohrrüben. Als sie ihren Sohn bemerkte, fiel ihr das Messer aus der Hand, sie sprang auf und rief: „Herr Tanzmann, du!“

Dann rannte sie an das Waschbecken, wusch die Hände, trocknete sie ab und streckte ihm dann die Rechte entgegen. Und während Herr Tanzmann sie herzlich begrüßte und sie fragte und auf sie einredete, sprach sie fast kein Wort, lief einmal zu ihren Mohrrüben, dann rückte sie ihre Blumentöpfe mit den Küchenkräutern am Fenster zurecht, dann stocherte sie mit dem eisernen Haken in dem Feuer der Maschine herum, aus dem ein gemütlicher Torfgeruch hervorstieg. Herr Tanzmann kannte sie, sie war in voller Aufregung, und man musste ihr Zeit lassen, um ihres Gefühles der Freude, die sie nicht ausdrücken konnte, mit diesem seltsamen Gebaren Herr zu werden. Er wusste aber, wie ihr am besten beizukommen war. Er wies auf die Kartoffeln hin, die in einem Korbe neben dem Küchenspind standen.

„Na, sind die Kartoffeln alle ausgebuddelt?“

„Ja“, sagte sie, „damit sind wir schon lange fertig.“

„Diese hier sind nicht schlecht; sind sie alle gut geraten?“

„Es könnte schon besser sein“, antwortete sie. Sie gehörte zu denen, die niemals zugeben, dass etwas gut ist, wohl aus Besorgnis, dass sie es „berufen“ könnte. Herr Tanzmann musste deshalb fragen:

„Waren viele faule darunter?“

„Das ja gerade nicht“, meinte sie.

„Sind viel kleine dabei?“

„Ach, das nun gerade auch nicht.“

Herr Tanzmann schloss daraus, dass ihre Kartoffelernte vorzüglich gewesen sein musste.

Dann kam er auf die Runkelrüben zu sprechen, wobei seine Mutter von einer völligen Missernte sprach. Durch Kreuz- und Querfragen erfuhr er aber, dass nur das Kraut durch einige Septemberfröste etwas beschädigt worden war. Mit den Pflaumen war sie auch nicht zufrieden, die wären alle madig gewesen. Doch musste sie auf Herrn Tanzmanns geschickte Fragen zugeben, dass sie ein paar Zentner mehr verkauft hatte als andere Jahre und dass sie einen recht annehmbaren Preis bekommen hatte. Bei diesen Gesprächen aber wurde sie zusehends munterer und lebendiger, denn nun sah sie, dass ihr Sohn in der Stadt nicht hochmütig geworden war und noch ein Interesse für Kartoffeln, Runkelrüben, Hof, Garten und Feld bewahrt hatte. Trotzdem guckte sie ihn noch manchmal misstrauisch an und einmal nahm sie ihn zur Seite und sagte leise:

„Du, Herr Tanzmann, du kannst mir’s offen eingestehen: Kommst du noch manchmal heraus aus Berlin ... ins Freie?“

Als ihr Sohn ihr nun feierlich versichert hatte, dass er noch der alte Sonntagswanderer sei wie immer, war sie zufrieden und nun plauderte sie weiter über allerlei. Herr Tanzmann ging in Haus und Hof umher, um alles zu besichtigen. In der guten Stube trug sie ihm dann ein Frühstück auf, alles Produkte ihrer Wirtschaft: Bauernbrot, das sie selber gebacken, Butter und Käse von ihrer Kuh, sodann Rettige und ein Glas Johannisbeerwein, den sie so köstlich bereitete. Und während Herr Tanzmann mit dem Appetit aß, der ihm eigen und durch die Wanderung noch verstärkt war, zeigte sie ihm ihre Zimmerblumen, Palmen, Kakteen und blühende Gewächse aller Art, von denen sie die meisten selber aus Samen gezogen hatte. Dann gingen sie hinaus in den großen Garten, ein Mittelding zwischen Nutzland und Wald. Denn Frau Tanzmann, in ihrer Liebe für die

Natur, hatte von jeher eine Leidenschaft gehabt, die verschiedenartigsten Pflanzen, Bäume, Sträucher, Blumen, Nutzgewächse in ihrem Garten anzusiedeln, und so lagen regelmäßige Gemüserabatten neben Blumenrondells, ein dichter, etwa einen Morgen umfassender Laubwald erhob sich inmitten von Grasflächen, Obstbäume wechselten ab mit wilden Strauchgruppen.

Jetzt prangte der Garten in den prächtigsten bunten Farben des Herbstes. Vorn in der Nähe des Hauses blühten noch die Spätlinge der Blumenwelt, duftende Levkojen, gelbe Ringelblumen und hohe buschige lilafarbige Herbstastern. Dann kamen große Beete Sonnenblumen, die ihre gebräunten Riesenköpfe senkten. Frau Tanzmann zog sie der Kerne wegen, mit denen sie ihre Hühner fütterte. Jetzt naschten bereits Spatzen und Meisen von den ölhaltigen Samen der Blumen. Die Gemüsebeete waren bereits leer und zum Teil umgegraben, nur der Grünkohl, Rosenkohl und Sellerie grünten noch in regelmäßigen Reihen. Hinter der Scheune, deren nach Süden gerichtete Wand mit Wein überzogen war, befand sich ihr „Treibhaus“. Hier in diesem Winkel, der vor rauen Winden geschützt war, und zu dem die Sonne den ganzen Tag über ihre Strahlen niedersenden konnte, herrschte jederzeit eine um mehrere Grad höhere Temperatur als im übrigen Garten. Hier standen Pfirsich- und Aprikosenbäumchen noch im fast vollen grünen Schmucke ihrer Blätter, hier befanden sich einige Apfelpyramiden, voller herrlicher großer Früchte, hier prangten noch knallrote Tomaten an ihrem etwas durch die Kälte verunzierten Kraut, hier wuchsen Artischocken, Eierpflanzen und andere Kinder eines südlichen Klimas, die hier in diesem warmen Winkel recht gut gediehen. Sogar einige Tabakpflanzen bemerkte Herr Tanzmann hier. „Na, na, Mutti“, sagte er lächelnd, „Du rauchst wohl gar neuerdings?“

„Ei behüte und bewahre!“ rief sie entsetzt. Und sie entschuldigte sich lange und bemühte sich, ihm klar zu machen, dass sie die Pflanzen „man nur so wachsen sehen möchte.“ So musste sie sich oft entschuldigen, denn ihre Freundinnen vom nahen Dorfe, die sich häufig bei der erfahrenen Frau Rat holten oder ihr Gesellschaft leisteten, wollten freilich nichts gelten lassen, als was Nutzen brachte. Herr Tanzmann streichelte ihr sanft die Wange und sagte:

„Mutterchen, bei mir brauchst du dich nicht zu entschuldigen, dein Sohn ist ein so kurioser Kerl, dass er oft meilenweit rennt, um irgendein schäbiges Unkraut zu sehen.“

„Na ja, ich kenn’ dich ja“, sagte sie. „Ich will dir aber eine Lehre geben, Herr Tanzmann: Man lernt in der Natur nie aus, ich nicht und du nicht!“

Sie wandten sich nun dem Teil des Gartens zu, der mehr einer waldigen Landschaft glich, aber einer Landschaft, die die Kennzeichen der verschiedensten Gegenden in sich vereinigte. Da kamen sie an einer großen Buschgruppe vorüber, in der die verschiedenartigsten Herbstfarben, gleichsam vereint, einen wunderbaren Effekt machten. Das feuerrote Laub der amerikanischen Scharlacheiche vermischte sich mit dem hellen Gelb einiger Ulmen und dem Braun eines breitkronigen Kastanienbaumes, und darunter bildeten Hartriegel mit dunkelviolettem Laub, eine Ölweide mit silbergrauen Blättern und Essigbäumchen mit rotgelbgrün changierendem Laube ein farbenfreudiges Buschwerk. Trotz der schillernden Buntheit hatten die Farben dieser Blätter doch jene milde weiche Nuancierung, die das Herbstkolorit zum Ausdruck des ruhigen Entsagens, des wehmütigen Hinsterbens macht ...

Frau Tanzmann ging mit ihrem Sohne weiter durch einen kleinen Birkenhain. Die weißen Stämme der schlanken Bäume reckten sich, oft wunderlich gebogen, hinauf in den blauen Oktoberhimmel, und das zierliche gelbe Laub umfing ihre Zweige wie in gebrochener Kraft.

„Du warst lange nicht hier, Herr Tanzmann“, sagte sie. „Wirst du nicht einmal wieder ganz zurückkehren hierher zu mir, mein Sohn?“

„Ich weiß es nicht“, sagte er trübe. Und er dachte an die Stadt, an deren Steinmauern er nun einmal gebunden war. Vielleicht würde er doch einmal zurückkehren, später, später, wenn er einmal gefunden, was er suchte. Dann würde er zu diesem stillen Frieden zurückkehren. Aber jetzt, jetzt suchte er keinen Frieden.

Sie setzten sich beide auf eine Bank unter einem alten Haselbusch, und während sie ihm von all den lieben Stätten des Gartens erzählte, die er von Kindheit an kannte, sah er gedankenvoll zu, wie drüben ein Blatt von einem Birkenzweige sich loslöste, wie es in langsamem Fall in der Luft umherwirbelte und sich überschlug, wie es dann ruhig herabschwebte und lautlos niedersank ins dürre Gras.

November.

Der Himmel war mit einer gleichfarbig grauen Wolkendecke behängt. Die Sonne war unsichtbar und nicht der leiseste Schein von Helligkeit verriet ihren Stand. Es herrschte ein bleiernes trübes Wetter und die Luft war rau und ein wenig feucht. Herrn Tanzmanns Ohren wurden rot, er rieb sie aber von Zeit zu Zeit, so dass das Blut in ihnen in Bewegung kam und der Kälte von außen eine umso größere Wärme von innen entgegensetzte. Herr Tanzmann marschierte ganz unwillkürlich etwas schneller als gewöhnlich.

Der Weg führte durch eine lang gestreckte Ortschaft, die jetzt, wo die Bäume ihres Blätterschmucks beraubt waren, einen recht ärmlichen Eindruck machte. Die kleinen Dorfhäuser und die strohgedeckten Scheunen lagen unfreundlich da in der düsteren Umrahmung schwarzer Bäume, deren kahle Zweige sich in vielgliedriger Verästelung in die trübe Luft ausbreiteten. Die Gärten waren bedeckt mit buntfarbigem Laube, man konnte noch ganz gut die orangeroten Blätter der Sauerkirschen von den gelben und grünlichen der übrigen Ostbäume unterscheiden. Auch der schmutzige Dorfweg mit seinen nassen Rinnen von Wagengleisen war hier und da mit einem bunten Teppich von Laub bedeckt. Hier herrschten die verschrumpften grünlichen Fiedern der Akazien und die braunen Blätter der Kastanien vor. Herrn Tanzmanns Fuß raschelte durch das aufgehäufte Laub, so dass er eine Schar Spatzen aufscheuchte, die in einer Bocksdornhecke gesessen hatten und nun in das leere Geäst eines krummen Pflaumenbaumes flogen. An derselben Hecke schlich sich eine Katze auf leisen Sohlen hin, sie hatte es ohne Zweifel auf eine der kleinen Kohlmeisen abgesehen, die in dem Dornengestrüpp ein ziemlich sicheres Versteck hatten. In der Nähe des Gasthofes bildete das Regenwasser einen kleinen Tümpel, der von einem Volk Gänsen als Badeplatz benutzt wurde. Hier erweiterte sich die Dorfstraße zu einem Platz, in dessen Mitte eine „Friedenseiche" sowohl wegen ihrer diebessicheren Umzäunung als auch wegen ihres dichten erdbraunen Laubes in die Augen fiel.

Die Dorfbewohner hatten sich bereits auf die Winterkälte vorbereitet. Die Brunnenrohre waren mit Stroh umwickelt und um die Grundmauern der Häuser lag ein dicker Wall von welkem Kartoffelkraut, der die Kellerfenster verhüllte und den Frost von den Wohnungen abhalten sollte. Aus den Schornsteinen der kleinen einstöckigen Wohnhäuser drangen schwarze Rauchwolken, deren anheimelnden Torfgeruch Herr Tanzmann mit Wohlgefallen aufnahm. Der Rauch zerteilte sich und schwebte zum Erdboden herab, die Luft war zu stark mit Wasserdampf erfüllt, als dass er in ihr hätte emporsteigen können. Sie war so trüb, dass den ganzen Tag über eine unveränderliche fahle Dämmerung herrschte. Die hellsten Farben erschienen Herrn Tanzmann heute matt, selbst die milchweißen Fruchtkügelchen, mit denen die Schneebeerensträucher eines Bauerngartens behängt waren, konnten heute keine Kontrastwirkung mit ihrer Umgebung hervorrufen.

Es steckt etwas verdammt Trübes in so einem Novembertage! sagte der Wanderer zu sich. Es ist weder der farbenbunte milde Herbst noch der markige robuste Winter. Es ist keine Melancholie und keine Strenge, der November hat etwas Schleichendes, Finsteres, er ist rau und unwirsch und unendlich trüb wie der Tod!

Herr Tanzmann verließ das Dorf und wanderte auf ebenem, sandigem Wege dahin, dessen Seiten durch Reihen von Hängebirken bezeichnet waren. Die dünnen Zweige der Bäume fielen malerisch wie Haarsträhne von den Ästen herab, und während diese und der Stamm mit schneeweißer Rinde bedeckt waren, hatten die Zweige einen blassen karminroten Schein. Die Gegend war ziemlich unfruchtbar, es waren sehr sandige Äcker, die zum Teil die grauen Überreste der Lupinen trugen. Ein Teil lag auch vollständig brach und war bedeckt mit den rotangelaufenen Rosetten des Reiherschnabels, der auch jetzt noch nicht müde geworden war, seine kleinen rosaroten Blüten emporzuschicken. Wenige Äcker waren auch mit Roggen besät, der, obwohl schlecht aufgegangen, doch bereits schöne grüne Flächen bildete. Trotzdem blieb die Gegend armselig, wer hier den Acker bebaute, der mochte wenig Freude an ihm haben. Von Zeit zu Zeit tauchten einige Krähen auf, deren heiseres Schreien die Luft durchdrang. Bisweilen ließ sich eine auf dem Ackerlande nieder und watschelte ziemlich unbeholfen und langsam über den Boden hin. Bedeutend flinker waren die niedlichen Haubenlerchen, die wenige Schritte vor Herrn Tanzmann quer über den Weg trippelten. Sie rannten mit ihren kurzen Beinchen so geschwind, dass man sie nur in schnellem Laufe eingeholt hätte. Sie erregten sogar den Neid des Herrn Tanzmann, der sich auf seinen schnellen Schritt etwas einbildete und mit dem niemand auf die Dauer gehen konnte, ohne sich die Schwindsucht anzulaufen.

Im Weitergehen hatte der Wanderer die immerhin seltene Gelegenheit, einen lebenden Maulwurf zu beobachten. Es war nicht recht ersichtlich, wieso das lichtscheue Tier an die Oberfläche der Erde gelangt war. Möglicherweise hatte es den finsteren Tag für eine Fortsetzung der Nacht angesehen. Jedenfalls bemerkte es Herr Tanzmann, als er gerade im Begriffe war, sich wieder in die Erde einzuwühlen. Es schob sich scharrend so schnell hinab in den Sand, dass es im Nu verschwunden war. Herr Tanzmann jedoch war rasch am Werk, er spießte seinen Spazierstock an der Stelle, wo das Tier wühlen mochte, in die Erde, bog ihn zur Seite und grub den Maulwurf auf diese Weise wieder aus. Dieser war jedoch mit der neuen Situation keineswegs zufrieden, sondern trachtete augenblicklich danach, sich wieder in die Erde hinein zu wühlen. Mit seinen Vorderbeinen, die zu kurzen breiten Grabschaufeln umgestaltet waren, mit dem spitzen Rüssel, dem kurzen halslosen Kopf bohrte sich der Maulwurf wie ein Keil in den Boden. Herr Tanzmann sah dem Treiben des schwarzen Tieres mit Interesse zu.

Das ist auch so ein alter Wühler, dachte er, den sie überall mit blinder Wut verfolgen. Wie soll er denn den Boden von Ungeziefer säubern, wenn er ihn nicht hier und da unterminiert? Aber sie haben immer den Wühler gehasst wegen der paar unschuldigen Zerstörungen, die er anstiftet; dass aber ihre ganze Saat und Ernte ohne ihn von Engerlingen, Schnecken und anderem Geschmeiß vernichtet würde, das vergessen sie ihm, die Undankbaren.

Von neuem grub er den Maulwurf aus der Erde heraus, aber es war unmöglich, ihm eine nach oben gerichtete Gesinnung beizubringen. Sofort strebte er mit der Hartnäckigkeit des Fanatikers danach, seine Wühlarbeit fortzusetzen. Er dachte gar nicht daran, wegzulaufen oder kraftlos den Widerstand aufzugeben, sondern streckte sofort den Rüssel und die Grabfüße scharrend in den Boden. Herr Tanzmann grub ihn dreizehn Mal wieder aus und dreizehn Mal bohrte sich das Tier mit derselben Ausdauer in den Sand. Das Merkwürdige dabei war, dass sein schwarzes samtenes Fell bei diesen Prozeduren nicht den geringsten Schmutzfleck zeigte. Äußerlich und innerlich unantastbar ging der Maulwurf aus dieser strengen

Prüfung hervor. Herr Tanzmann zog den Hut vor ihm – freilich nicht tief, weil es kalt war – und ging zufrieden weiter.

Der Birkenweg führte an einer ziemlich kreisrunden Erdvertiefung vorüber, die, plötzlich mitten in der Landgegend, den Eindruck eines künstlich gegrabenen Kessels machte. Sie mochte wohl etwa 30 Meter im Durchmesser haben, und da ihre Ränder ringsherum dicht mit Bäumen bestanden waren, so war sie schon von weitem bemerkbar gewesen. Jetzt sah Herr Tanzmann, dass dieser Kessel einen märkischen „Puhl" darstellte, einen kleinen Sumpf, der, von steilen Wänden eingefasst und etwa drei Meter unter dem Ackerland gelegen, mit Sumpfgewächsen überzogen war, mit gelbgrünem Sumpfmoos und immergrüner Andromeda und Torfbeere. Direkt am Ufer wucherten Erlen und Faulbaum, während weiter oben auf trocknerem Sande Haselsträucher, Ebereschen, Weißdorn und Espen wuchsen. Auch ein paar Spindelbaumbüsche standen da und gewährten mit ihren karmoisinroten geöffneten Samenkapseln, aus denen die dottergelben Körner hervorleuchteten, einen effektvollen Anblick. Wie kam aber diese Erdsenkung überhaupt in diese ebene Gegend? Künstlich angelegt konnte der Kessel nicht sein, als Lehmgrube war er zu groß und zu gleichmäßig, und was sollte er sonst für einen Zweck haben? Es mochte also wohl eine jener Spuren der Eiszeit sein, ein „Riesentopf", wie ihn das Gletschereis der Alpen in den Boden bohrt und wie es jene vorzeitlichen Eismassen ebenfalls getan haben mögen.

Das heißt, sagte der Wanderer zu sich, wir waren nicht dabei, Herr Tanzmann, als das geschah, und die Gelehrten auch nicht. Aber möglich ist es schon, und so lange wir keine andere Erklärung haben, müssen Sie sich eben damit bescheiden, Herr Tanzmann.

Damit verließ er den Sumpf und ging auf dem Birkenwege weiter. Nach einiger Zeit verloren sich die Bäume, und der Weg wurde breiter und noch sandiger als zuvor. Der Boden nahm immer mehr den Charakter der Steppe an. Hier hatte kein Pflug mehr das Erdreich umgestürzt, hier wäre jede Aussaat verloren gewesen. Auf dem dürren, mit kleinen Kieseln durchsetzten Lande standen die Reste einer armseligen Steppenvegetation. Die leeren, kurzen Halme des Keulengrannengrases gaben dem Boden einen schmutzig gelben Überzug. Und so weit das Auge des Wanderers an diesem trüben Tage reichte, so weit war diese trostlose dürre Steppe ausgebreitet. Hier und da stand ein einzelner verkrüppelter und zwerghafter Kieferbusch, der wie ein düsterer Schatten über diesem öden Lande zu lagern schien. Weiterhin wurde die Bodendecke ganz und gar schwarz, ein steinkohlenfarbenes Schwarz, das von einem dürren Moos herrührte. Wie ausgebrannt erschien die ganze Oberfläche des Landes, so düster und traurig, als ob hier die Natur ein Bild hoffnungsloser Verlassenheit hätte malen wollen. Diese schwarze Wüste war von einem fast unpassierbaren Sandwege durchschnitten, es war einer jener unglücklichen Wege, die sich wider den Willen der Passanten bilden. Jeder suchte ihm zu entfliehen, indem er möglichst am Rande auf dem Moose ging, aber weil nun jeder auf die Ränder trat, waren auch diese bald abgelaufen und der lockere tiefe Sand kam hervor, in dem das Fortkommen eine fürchterliche Anstrengung war. Und so mieden die neuen Passanten immer wieder den Sand und gingen an den neuen Rändern hin, und so wurde der Weg breiter und breiter. In der Mitte freilich, in der keines Menschen Schritt mehr, selbst kein Wagen mehr den Boden bewegte, siedelte sich von neuem das Moos an. Dadurch entstanden parallele Wege, und jeder einzelne hatte wieder dasselbe Schicksal. Und so bildete diese Straße ein verwickeltes System von Wegen mit allerhand Verzweigungen, Verschmalerungen und Verbreiterungen. Herr Tanzmann vergegenwärtigte sich im Geiste die Geschichte dieses Weges. So lange Menschen diese unwirtliche Steppe durchlaufen und durchfahren mussten, mochte dieser Kampf herrschen mit dem Wege, der anderwärts ein Freund des Menschen, hier seine Last und sein Fluch war. Aber diese unglückliche Sandstraße stimmte ganz zu der einförmigen traurigen Landschaft, zu der schwarzen Steppe, die an dem rauen, trüben Novembertag trostloser war denn je. Herr Tanzmann wanderte nachdenklich über das dürre Moos. Der Tag wurde immer trüber. Schon jetzt gegen 4 Uhr kam die Abenddämmerung. Und es dauerte nicht lange, so breitete sich das Dunkel der Nacht über die schwarze Steppe.

Dezember.

Es war ein kalter, aber lachender Wintertag, an dem Herr Tanzmann durch die Parkanlagen einer kleinen Stadt dahinschritt. Die sorgfältig instand gehaltenen Wege waren festgefroren und die Blätter, die den Rasen bedeckten, waren mit einem leichten, kaum sichtbaren weißen Reif überzogen. Sie bildeten einen bereits verblichenen bräunlichen Teppich, aus dem sich ein Gewirr von Büschen und Bäumen mit kahlen schwarzen Ästen erhob. Obwohl sie jetzt blätterleer waren, erkannte Herr Tanzmann doch mit leichter Mühe die Buchen mit ihrem schönen, großen, silbrig grauen Stamm, die Pappeln, deren Rinde nach der Krone zu ein trübes Weiß zeigte, die Birken, deren schneeweiße Stämme weithin leuchteten. Er erkannte aber auch die Eiche an ihrer knorrigen Gestalt, an ihrer dicken, rissigen Borke, die Akazien an ihrer eigenartig schräg gefurchten Rinde und an ihren dunkeln Samenhülsen, die Linden an ihren braunen Deckblättchen, aus deren Mitte die runden Fruchtkörner herabhingen. In den Anlagen waren aber auch viele ausländische Bäume angepflanzt, solche aus Nordamerika, aus Sibirien und aus dem nördlichen China und Japan, die um so besser gediehen, je mehr das Klima ihrer Heimat dem norddeutschen glich.

Wie abwechslungsreich der Park nun aber infolge dieser verschiedenartigen Bäume und Sträucher auch war, so vermisste das geübte Auge des Wanderers doch die wunderbare Harmonie, die nur die Einheitlichkeit einer natürlichen Landschaft geben kann. So gern er sich diese Pflanzen aus fernen Ländern einmal ansah, so war ihm doch eine solche Zusammenwürfelung der verschiedensten Länder nicht sehr sympathisch. Es ärgerte ihn, dass eine alte Eiche ihre knorrigen Äste zwischen die glatten Zweige eines chinesischen Götterbaumes schob, dessen noch hellgrüne Zweigspitzen erfroren waren, weil sie sich offenbar an den schnellen Eintritt der deutschen Winterfröste nicht hatten gewöhnen können. Um den Stamm einer Erle schlang sich der kanadische Baumwürger, und dieser Wucherstrauch aus Nordamerika hatte den europäischen Baum so gründlich umarmt, dass dessen Krone bereits zu verdorren begann.

Na ja, sagte Herr Tanzmann, das kommt davon, wenn man der Natur Gewalt antut und ihre Kinder hierhin und dorthin kommandiert, ohne sich um ihre Lebensinteressen zu kümmern. Die Sache rächt sich eben, entweder gleich oder später.

Auch sonst konnte Herr Tanzmann in dem Park vielfach beobachten, dass der Sinn für Natur in unserer Zeit noch wenig erstarkt war und dass eintönige Künsteleien der reichen Mannigfaltigkeit des Lebens vorgezogen wurden. Da waren weite Rasenflächen auf hohen Bodenlagen, wo in der Natur sich nie dieser Graswuchs hätte entwickeln können. Da waren hier und da Druckständer angebracht, um den Rasen künstlich zu bewässern. Zwar jetzt im Winter hatte diese unnatürliche Wiese eine gelbliche Färbung, und der Graswuchs war niedrig wie auf allen Wiesen, aber es herrschte hier doch eine solche Gleichförmigkeit der Grashalme, die in ödem Gegensatze stand zu dem Reichtum der Naturwiese, auf der auch im Winter sich die mannigfaltigsten Formen von Gras- und Staudenarten abhoben. Am auffälligsten freilich fand Herr Tanzmann die Unnatur dieser Rasenfläche im Sommer, wo sie jederzeit kurz geschnitten und immerzu in derselben grünen Farbe schimmerte, ohne je den Charakter der Jahreszeit wiederzuspiegeln.

Und wie Herr Tanzmann den Park weiter durchwanderte, an Fontänen vorüberkam, die jetzt nicht sprangen, weil es im Winter nicht lohnte, sie in Gang zu erhalten, an einer Unmasse von Strohpuppen und Holzkästen, unter denen die nicht winterharten exotischen Pflanzen fest verpackt ruhten, an Brücken über wasserleere Bäche, da hatte er den unangenehmen Eindruck, dass auch diese Kunst, die Kunst, Landschaften zu gruppieren, sich von Leben und Volk entfernt hatte, wie viele andere Künste, und dass sie herabgesunken war zu einer geistlosen Dekoration, zu einem eleganten Salon, in dem sich die elegante Welt ergehen konnte.

Der Park ging allmählich in einen hohen Buchenwald über. Hier wurde Herrn Tanzmann wieder wohl. Er schüttelte sich und sprang sechzig Zentimeter hoch in die Luft und schlug dann mit seinem Stock in das raschelnde Laub, dass die Blätter wirr umherflogen. Die Wintersonne lachte am weißlich blauen Winterhimmel. Ihre Kraft war zwar nicht groß genug, um den starr gefrorenen Boden auch nur einigermaßen zu erweichen, aber ihre Strahlen milderten doch die Strenge der klaren Luft. Selbst unter der dichten Decke, die das rostbraune Buchenlaub über den

Boden breitete, war die Erde gefroren. Es lag eine heitere Ruhe über diesem Walde, wie aus dem rostfarbenen Grunde die silbergrauen glatten Buchenstämme gleich gewaltigen runden Säulen ohne jede Verästelung in die Höhe strebten. Erst hoch oben, gewissermaßen nach langer, solider Arbeit, breiteten sie behaglich ihre Äste und Zweige nach allen Seiten aus. Unter den Buchen konnte kein Unterholz aufkommen, aber gerade hier bei diesen Baumriesen vermisste man es nicht, die Eintönigkeit dieses Hochwaldes mit seiner rostbraunen Decke und seinen silbergrauen Stämmen hatte etwas feierlich Erhabenes. Herr Tanzmann wanderte lange in dem Walde umher und ließ die Kraft auf sich wirken, die von diesen starken, stolzen Bäumen ausging. Dabei herrschte eine absolute Ruhe in diesem Walde, nur das Laub raschelte unter des Wanderers Tritten. Bisweilen vernahm er ein Knarren, wenn zwei Äste im leisen Windzug sich gegeneinander rieben. Einmal hörte Herr Tanzmann einen lauten plärrenden Vogelschrei, den er zunächst einer Elster zuschrieb. Er stand einen Augenblick still und gewahrte, wie ein Holzhäher[22] nahe über ihm vorbeiflog. Er konnte den schönen Vogel gut beobachten, an seinem grauen Gefieder stachen die hellblauen Flecken leuchtend hervor. Noch lange, nachdem der Häher verschwunden war, konnte Herr Tanzmann die Stimme des geschwätzigen, zänkischen Vogels vernehmen. Dann war es wieder still.

Nach einiger Zeit gelangte Herr Tanzmann an einen kleinen Fluss, dessen Ränder mit dicken ins Wasser hinabhängenden Eisschollen überzogen waren. Seine Ufer waren mit Erlen und Weiden dicht besetzt, denen sich hier und da ein Gebüsch von Holunder, Faulbaum und Wildrosen anschloss. Die Erlen waren mit schwarzen Samenkätzchen dicht behängt, und die schlanken Zweige der Weiden leuchteten in einem hellen rötlichen Gelb. In diesem Uferbuschwerk trieben sich eine Menge Vögel umher. Besonders die Meisen führten ein lebhaftes Spiel auf. Die verschiedenen Arten, die gelb und schwarz gefärbten Kohlmeisen, die niedlichen Blaumeisen und die unscheinbaren Sumpfmeisen mit ihrem schwarzen Kopfe wetteiferten miteinander an Beweglichkeit und Seiltänzerkunststückchen. Die flinkesten waren aber die Sumpfmeisen, die nicht einen Augenblick ruhig sitzen konnten. Sie waren in ewiger Bewegung, hüpften von Ast zu Ast, schaukelten sich in den dünnsten Zweigen und drehten sich an ihnen nach allen Richtungen, so dass mitunter die Beine nach oben und der Kopf nach unten hingen. Selbst wenn sie eine Portion

---

22 Gemeint ist der Eichelhäher.

Insekteneier an der Rinde eines Astes entdeckt hatten, pickten sie die Mahlzeit unter stetem Wiegen und Schaukeln ihres kleinen luftigen Körpers auf.

Oh je, wenn Sie ein Vöglein wären, Herr Tanzmann! sagte der Wanderer zu sich. Sie würden gewiss nicht jeden Winter hier bleiben, sondern öfters mal nach dem Süden ziehen, wie die Buchfinken, die auch mitunter wandern und mitunter nicht. Freilich, jeden Winter weg wie die Schwalben, nein, das auch nicht. Sie würden den Tropenkoller bekommen, Herr Tanzmann, und übermütig werden. Nein, nein, für uns Nordländer ist so eine Abkühlung von Zeit zu Zeit unentbehrlich!

Er schritt weiter an dem Ufergebüsch entlang. Der Himmel hatte sich allmählich mit einem trüben Schleier umzogen, hinter dem die Sonnenstrahlen nur noch verschwommen hervorblicken konnten. Die Vögel im Untergebüsch wurden stiller und verkrochen sich. Doch auf dem Flusse flog dicht über dem leichten Wellengekräusel ein Sägetaucher[23] dahin. Mit seinen weißen Schwingen weit ausgreifend, suchte er die Wasserfläche ab, um irgendeinen Fisch zu erspähen. Jetzt mochte er eine Beute entdeckt haben, mit einem Ruck ließ er sich senkrecht aufs Wasser herab, verschwand in demselben und kam erst ziemlich lange danach wieder an die Oberfläche. Herr Tanzmann konnte aus der Entfernung nicht genau erkennen, ob der Vogel etwas erbeutet hatte, jedenfalls schwamm er eine Weile auf dem Wasser, um dann wieder aufzufliegen und sein Spiel von neuem zu beginnen.

Jetzt erhob sich ein Wind und brachte von Norden her ein niedrig ziehendes, schweres, bleigraues Gewölk.

Es riecht nach Schnee, meinte Herr Tanzmann.

Früh war Ostwind gewesen, nun hatte er sich nach Norden zu gedreht. Die Sonne verschwand ganz und gar, und eine gleichfarbig graue, alles einhüllende Wolkenmasse legte sich über die Erde. Jetzt fielen bereits einzelne kleine Schneeflocken, vom Winde umhergetrieben, es wurden ihrer aber mehr und mehr, und schließlich kamen sie in endloser wirbelnder Masse, um lautlos auf den Boden zu fallen, die Blätter zu bedecken, die Zweige und Äste der Bäume, die Kleider des Herrn Tanzmann, die Eisschollen am Rande des Flusses. Nur das Wasser nahm die Flocken in sich auf und ließ sie in sich verschwinden. Aber auf dem Lande sammelte sich der weiche, lose Schnee unglaublich schnell an, in kurzer Zeit bedeckte er den Boden in einer Höhe von mindestens zwanzig Zentimetern.

---

23 Erpel des Gänsesängers (gänsegroßer Entenvogel)

Herr Tanzmann stapfte etwas mühsamer als vorher, aber wohlgemut dahin. Das Ufergebüsch, der Fluss, an dem in etwa halbstündiger Entfernung die kleine Stadt liegen musste, zu der er zurückkehren wollte, würden ihm leicht den Weg zeigen, obwohl er in dieser Gegend noch nicht gewesen war. Er verkannte keineswegs die Gefahr, die dem Menschen droht, wenn er in unbekannter Gegend von einem Schneewetter überfallen wird. Er kannte genug Beispiele, wo selbst Briefträger und Botenfrauen, die doch ihren Weg genau kannten, bei Schneestürmen umgekommen waren. Er wusste, wie sehr sich die Gegend infolge von hohem Schnee verändert, wie alle Wege verschwinden, wie man jeden Anhaltspunkt, jede Richtung verliert, die man doch so genau zu kennen glaubte. In finsterer Nacht vollends, wo man sich selbst auf einer Chaussee nicht von einem Baum zum andern findet, ist die Situation am unheimlichsten. Und dazu der hohe Schnee, aus dem man sich bei jedem Schritte mühsam erhebt, um dann von neuem in ihm zu versinken, bis man in Schweiß gerät, die Beine schlaff und schwer werden und eine unsägliche Müdigkeit den ganzen Körper ergreift. Wie einen dann die Angst packt und dann die Verzweiflung, wie der Schweiß erkaltet, die vom Schnee durchnässte Kleidung kalt und steif wird und man voraussieht, dass man es nicht lange mehr treiben wird, wenn nicht ganz plötzlich die Rettung irgendwoher kommt, – Herr Tanzmann hatte es selbst schon durchgemacht, darum erinnerte er sich dessen jetzt sehr lebhaft.

Zum Glück war er damals gerettet worden, sonst lebte er ja jetzt nicht mehr. Als aber jetzt der Schnee immer höher wurde und der Wind die ganzen Flocken vom Fluss her auf dem Weg zusammenhäufte, den er gehen musste, da wurde ihm die Arbeit des Laufens bereits etwas sauer. Diesmal sollte ihm indes nicht lange das Leben schwer gemacht werden. Er wollte bereits seine Lippen zu einem unbrünstigen Fluche öffnen, da ließ der Schneefall nach, die Wolken zogen sich zusammen, und es hellte sich wieder auf. Sogar die Sonne ließ es sich nicht nehmen, noch einmal unseren lieben (?)[24] Herrn Tanzmann zu bescheinen und ihm die Freude zu bereiten, eine echte Winterlandschaft zu bewundern, eine weite glänzende Schneedecke, aus der die schwarzen Baummassen ihre weißbedeckten kahlen Äste emporstrecken.

24 Grottewitz distanziert sich hier von dem von ihm erfundenen Charakter.

Anmerkung der Herausgeber: Der Text der vorliegenden Neuausgabe folgt der Erstausgabe von Curt Grottewitz: *Sonntage eines großstädtischen Arbeiters in der Natur* (Berlin 1906, Verlag: Buchhandlung Vorwärts, Berlin SW68, Lindenstr. 69 [Ernst Preczang, Rahnsdorf-Berlin]). Er wurde an die neue Rechtschreibung angeglichen; offensichtliche Druckfehler wurden stillschweigend verbessert.

Bundes-Generalversammlung des Arbeiter-Wanderbundes „Die Naturfreunde" am 07.04.1911 im Gewerkschaftshaus Berlin:

„Getreu seinem Bestreben, die Freude am Wandern und die Liebe zur Natur im großstädtischen Arbeiter zu wecken, hatte der A.W.B. auch im verflossenen zweiten Geschäftsjahr eine reiche Tätigkeit entfaltet. Aus den einzelnen Berichten ist zu ersehen, daß der Bund in stetem Aufblühen begriffen ist und daß er sich in führenden Kreisen der Arbeiterwandererbewegung zunehmende Beachtung und Anerkennung erfreut. Ernste Bildungs- und Erziehungsarbeit zu leisten, hält er auch für seine vornehmste Aufgabe. Denn das Wandern durch Wald und Flur bringt dem Arbeiter nicht nur ein paar Stunden gesunder Erholung, es ist ebenso für ihn ein steter Quell geistiger Anregung und Belehrung, wie es Curt Grottewitz in seinem prächtigen Büchlein so meisterhaft zeigt. Durch Sonntagsausflüge in landschaftlich besonders schöne oder wissenschaftlich interessante Gebiete der Mark soll die Freude an der Natur und das Verständnis für ihre Schönheiten und ihre Lebensvorgänge angefacht werden.

Im verflossenen Geschäftsjahr (1910) wurden vom Bund 213 Wanderungen vorbereitet. ... Insgesamt nahmen an den 180 ausgeführten Wanderungen insgesamt 3.144 Personen teil, davon weiblich 895. Die Kinderpartien (13 Kinderwanderungen) erfreuten sich besonders lebhaften Zuspruch, sie sollen künftig noch weiter ausgestaltet werden.

Wir veranstalteten 6 Lichtbildervorträge über „Märkische Wanderungen" ....

In: Der Wanderfreund, Berlin, Heft 1/1911, S. 7.

Nachruf auf Curt Grottewitz vom Juli 1914

Am 16. Juli jährt sich zum neunten Male der Tag, an dem Curt Grottewitz aus den Reihen der Lebenden schied. Viel, viel zu früh für uns, denen er Freund, Leiter und Lehrer sein wollte, und deshalb ist es wohl die würdigste Art seiner zu gedenken, indem wir uns nicht nutzloser Klage hingeben, sondern das überschauen, was er für uns geleistet hat. Wer denkt da nicht an sein prachtvolles Büchlein „Sonntag eines Großstädters in der Natur", das so bahnbrechend und wegweisend für uns war, das zum ABC, das zur Fibel eines jeden Naturfreundes geworden ist. Gerade in diesem Büchlein offenbart sich seine hohe künstlerische Gestaltungskraft. In frischer, oft humorvoller Art, erzählt er uns von den Schönheiten der Landschaft und den Freuden des Wanderns, lockt uns hinaus zum Schauen und Genießen. Und nicht nur das, auch vom Naturgeschehen, vom Werden und Vergehen da draußen plaudert er, er lehrt uns in seiner feinen unauffälligen Art die Natur zu betrachten.

Ein mehr spezielles Thema behandelt Grottewitz in dem nach seinem Tode von Wilhelm Bölsche herausgegebenen Werke *Unser Wald*. Ein Buch, das für uns wie geschaffen ist, denn was wissen wohl die meisten von unserem Wald. Es ist nicht jedermanns Sache, sein Wissen zu bereichern aus hochwissenschaftlichen Büchern, die mit lateinischen Namen oder nur dem Naturwissenschaftler bekannten deutschen Ausdrücken gespickt sind. Recht klein ist die Zahl der Waldbücher, die in naturwissenschaftlich und literarisch einwandfreier Form das bringen, was gerade uns Wanderern not tut. Die meisten Autoren übersehen, dass nicht nur die sogenannten gebildeten Laien, sondern auch die Arbeiter ein berechtigtes Interesse daran haben, ihr Wissen nach dieser Richtung zu bereichern. Gerade dem Arbeiter, der nur nach Feierabend, wenn er durch körperliche Arbeit schon ermüdet ist, Gelegenheit zum Lesen hat, muß eine derartige Lektüre so schmackhaft wie nur möglich gemacht werden. In meisterhafter Weise sind alle diese Bedingungen in dem Buch vom Wald enthalten, dessen leider so früh verstorbener Verfasser Curt Grottewitz ist.

Alles in allem zeigt es uns, welch schwerer Verlust der frühe Tod Grottewitz' für uns ist, welch trefflichen Beobachter des Waldes wir an ihm verloren haben. Als guter Kenner des bildungshungrigen Proletariats hat er seine Arbeit ganz besonders für die Arbeiterschaft bestimmt, und wir sind deshalb W. Bölsche und der „Vorwärts"-Buchhandlung zu Dank verpflichtet, dass dieses Buch, welches durch den frühen Tod Grottewitz' in den Anfängen stecken geblieben war, doch noch der Öffentlichkeit übergeben werden konnte.

Erstveröffentlichung in: *Der Wanderfreund*, 6. (1914), S. 30f.
Auch zu seinem 15. Todestag veröffentlichte Max Scharf einen Nachruf auf *Curt Grottewitz* in der neuen Monatszeitschrift *Fahrtgenoß*, 1. Jg. (1920), Nr. 4, S. 25f.

1908 – 1918 Arbeiter-Wanderbund „Die Naturfreunde“, Sitz Berlin (Bundesleitung)

Nummer 9. 6. Jahrgang.

Der Wanderfreund

Monatsschrift des Deutschen Arbeiter-Wanderbundes „Die Naturfreunde“

Schriftleitung und Verlag: W. Wilke, Berlin O., Memeler Str. 60a.

Adresse des Vorsitzenden: Hugo Sinn, N., Stettiner Str. 30.	Berlin, im Januar 1915	Bundes-Geschäftsstelle: Fritz Kruse, SO., Mariannenstr. 11.

1919- 1923 Arbeiter-Wanderbund „Naturfreunde“

1924 – 1929 Arbeiter-Wanderbund „Naturfreunde“

Anmerkung der Herausgeber: Der Wanderfreund war seit 1909 die Monatszeitschrift des Deutschen Arbeiter-Wanderbundes „Die Naturfreunde“; Der *Fahrtgenoß* seit 1920 die Monatszeitschrift der Ortsgruppe Berlin des Touristenvereins „Die Naturfreunde“.

November 1921 Nr. 11

Fahrtgenoß

Monatsschrift für proletarisches Wandern

Gau Brandenburg des Touristen-Vereins „Die Naturfreunde“

Internationale Arbeiterwanderer

Preis des Heftes 1,30 Mark

Willi Bulan auf Wanderfahrt, um 1912.

Willi Bulan

Erinnerungen an meine Wanderfahrten: 36. Wanderfahrt/Nachtfahrt vom 3. zum 4. Juli 1909

Eine Nachtfahrt in die Müggelberge wollte ich machen, in ein Gebiet, das ich von meinen Sonntagsnachmittagsausflügen her genau kannte, und pünktlich zur festgelegten Zeit war ich am Bahnhof, erst in Berlin und dann in Köpenick, aber wer nicht kam, das waren meine „Freunde“, die an dieser Fahrt teilnehmen wollten und mutterseelenallein stand ich nun da. Sollte ich umkehren? Niemals! Ein Zurück gab's nicht und lustig und fidel, als müsste es so sein, marschierte ich durch die hell erleuchteten Straßen Köpenicks. Dann, nachdem die Stadt hinter mir lag, ging's auf der Müggelheimer Chaussee in flottem Tempo dahin. Das bleiche Licht des vom dunklen, sternklaren Himmel herniederstrahlenden Vollmonds beleuchtete meinen Weg und ruhig und einsam war's um mich her, nur von fern drang schwach das Summen der Köpenicker Straßenbahn herüber. Da tönt durch die Stille der Nacht aus der Richtung des Müggelsees flotte Marschmusik, die wahrscheinlich von einem der Mondscheinfahrtdampfer kommt. Kaum ist's dann wieder still, da fährt ratternd und knarrend ein Wagen daher, der gleich darauf wieder im Dunkel verschwindet.

Am ehemaligen Steuerhäuschen geht's vorbei, zur Rechten weite mondbeschienene Wiesen, über die leichter Nebel dahinzieht. Dann wieder dunkler Wald. Gleich hinter dem Knick der Chaussee biege ich in den rechtsabgehenden Gestellweg ein, der zu den Kanonenbergen führt. Hell beleuchtet der Mond den Weg und rüstig schreite ich aus. Da springt plötzlich 100 Meter vor mir eine dunkle Gestalt über den Weg. Einen Moment stutze ich, dann aber gehe ich drauflos und sehe an der bewussten Stelle etwa fünf bis sechs junge Burschen auf dem Boden liegen. Ich rufe sie an und werde gleich von allen umringt. Glücklicherweise sind es Turner, die ebenfalls die Nacht zum Tage machen und einen friedlichen Kampf, ein Ritter- und Bürgerspiel, untereinander austragen. Sie vermuten deshalb in mir einen Kundschafter der feindlichen Partei, sehen aber sofort ihren Irrtum ein und mit höflicher Entschuldigung entfernen sie sich wieder.

Nun steige ich auf den höchsten der Kanonenberge hinauf. Magisch beleuchtet der Vollmond den weißen Sand, von dem sich der hügelkrönende Wald scharf abhebt und auch der Müggelturm und die Warte sind klar und deutlich zu sehen. Auf der Höhe angekommen werde ich wieder von Turnern umzingelt und ausgefragt. Ruhig stehe ich ihnen Antwort, macht mir doch die ganze Sache großen Spaß, und scheinbar bin ich aufs Hauptquartier gestoßen, denn aus des Waldesdunkel stiert mich eine große Menge mondbeschienener Gesichter an. Nachdem ich ihnen über meine friedlichen Absichten, über meine völlige Unkenntnis ihres Losungsworts usw. genügend Auskunft gegeben, lassen sie mich weiterziehen. Wohl ein dutzend Mal werde ich noch angehalten, ehe ich den Müggelturm erreiche und mit und ohne Blendlaterne rücken sie mir auf den Leib, meine Parteizugehörigkeit zu erforschen, aber immer wieder müssen sie resultatlos abziehen. Ja, selbst als ich beim Müggelturm sitze, um ein wenig auszuruhen, stören sie mich in meinen Landschaftsbetrachtungen, die für sie absolut keinen Reiz zu haben schien, es waren aber endgültig die Letzten.

Und herrlich war's hier oben. Tiefe Stille ringsumher, kein Lüftchen regt sich, es ist alles wie ausgestorben. Weit unter mir die glitzernde Fläche des Langen-Sees, auf dem ein Schleppkahn schattengleich dahinfährt, nur die Signallaternen blitzen wie die Augen eines gewaltigen Raubtiers. Darüber breitet sich der sternenfunkelnde Himmel, dessen tiefblaue Farbe kein einziges Wölkchen stört.

Dann auf wohlbekannten Wegen durch den dunklen Forst weiterwandernd, kam ich wieder zur Müggelheimer Chaussee und etwas später nach Müggelheim. Auch hier ist alles still und ruhig, kein Licht brennt mehr, kein einziges Fenster ist mehr erleuchtet und leise, den Sandweg benutzend, um die Nachtruhe nicht zu stören, marschiere ich durch den Ort. Da bemerke ich ziemlich am Ende des Dorfs eine dunkle Gestalt, es ist der Nachtwächter. Das Signalhorn über der Schulter, einen großen Spieß in der Rechten, lehnt er an einem Baum, aufmerksam den östlichen Horizont beobachtend, der langsam aber stetig heller und heller wird. Bald sind wir beide miteinander bekannt und sprechen über dies und jenes, über Stadt und Land, so dass als ich mich wieder verabschiede über eine Stunde vergangen ist.

Dieweil war nun der neue Tag hereingebrochen. Glatt und frei liegt die Chaussee vor mir und da ich durchs Stillstehen ein wenig kalt geworden, greife ich tüchtig aus. Jetzt beginnen auch die Vögel sich bemerkbar zu machen und begrüßen freudig den neuen Tag. Nach längerem Wandern durch schönen Wald tritt derselbe etwas zurück und die Gosener Wiesen breiten sich, vom dicken Morgennebel fast verdeckt, vor mir aus. Am Forsthaus Kahlenberg geht's vorbei und dann stehe ich auf der hölzernen Brücke, die über den Gosener Graben führt, an dessen Ufer sich Ruderer ein Zelt errichtet haben. Aber sie schlafen nicht mehr, schon höre ich sie hämmern und mit Kochgeschirr klappern. Ein paar Schritte weiter und wie ein Traumbild ist das Zelt verschwunden, denn der dichte Nebel lässt nur auf ein paar Meter im Umkreis etwas erkennen, nicht einmal Gosen ist zu sehen. Aber nur noch ein paar Minuten, dann ist's erreicht. Auch hier schläft noch alles, Menschen und Tiere, nur der Dorfbäcker ist bei der Arbeit zu finden und schiebt gerade ein Brett mit Schrippen und Brötchen in den Ofen. Weiter geht's zum Dorf hinaus, vorbei an der Kalksteinfabrik, aus deren hochragenden Schornsteinen gewaltige Wolken schwarzen Rauchs in die reine Morgenluft emporsteigen.

Nicht mehr lange, dann habe ich den höchsten Punkt der Gosener Berge erreicht, wo schon mehrere andere junge Leute lagern und nach kurzem Rundgang, bei dem ich schon öfter die schöne Umgebung bewundern kann, lasse auch ich mich auf dem spärlichen, mit Gras bewachsenen Plateau nieder, um gleich im Naturtheater sitzend, den Sonnenaufgang zu erwarten, und bald beginnt das herrlichste Schauspiel, das ich je gesehen habe. Es war schon heller Tag geworden, nur wenige der hellsten Sterne glänzten noch am Himmel und auch der Mond ist nur noch als matte Scheibe sichtbar. Im Osten aber, über den fernen Kranichsbergen, da kommt's heraus, da färbt sich der Himmel purpurrot und wird langsam wieder heller und blendender. Dann schießen nach allen Richtungen feurige Strahlenbündel empor und endlich erscheint auch die Sonne selbst über dem dunklen Wald. Erst wenig, dann immer mehr, bis sie höhersteigend ihre volle Größe erreicht hat und ihre goldige Lichtfülle über die Landschaft vergießt.

Hell leuchtet die Warte in den Müggelbergen, in weiter Ferne funkelt es wie pures Gold, es sind die Fenster des Buntzel'schen Schlosses bei Falkenberg, in denen sich die Sonne spiegelt. Langsam legt sich der über Wasser und Wiesen schwebende Nebel und kalt und deutlich ist jetzt die mitten im Seddinsee gelegene Insel Seddinwall, ein historischer Punkt der ganzen Umgebung, zu sehen. Dann denke ich an die Heimkehr und steige den Berg hinab. Ein kurzer Waldweg, dann überschreite ich den Oder-Spree-Kanal und am Ufer des Seddinsees entlang geht's nach Schmöckwitz. Auch hier ist alles still. Darum geht's ohne Aufenthalt weiter auf bekannten Wegen zum Bahnhof und damit hat die unter so ungünstigen Umständen angefangene Nachtfahrt ein schönes und sicheres Ende erreicht.

Erstveröffentlichung in: *Der Wanderfreund* 11 (1919), Nr. 4, S. 21f.

Anmerkung der Herausgeber: Bulans Erinnerung an seine Wanderung im Jahre 1909 wird hier als Beispiel für Einzelwanderungen abgedruckt, wie sie vor der Organisation der Gruppenwanderungen durch „Die Naturfreunde“ üblich waren. Offenbar kannte Grottewitz solche Berichte und entwarf danach seine Figur des Herrn Tanzmann. – Der Text wurde an die neue Rechtschreibung angeglichen; offensichtliche Druckfehler wurden stillschweigend verbessert. Stilistische Besonderheiten Bulans wurden aus Gründen der Authentizität beibehalten.

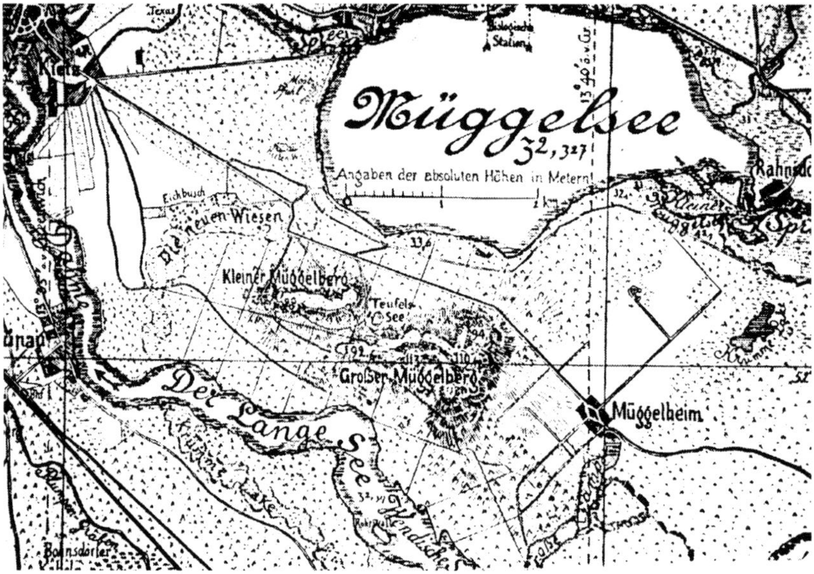

Ausschnitt aus dem Kartenblatt: Köpenicker Waldgebiet zwischen Müggelsee und Dahme (Der Lange See). Nach Preußischer Landesaufnahme 1896.

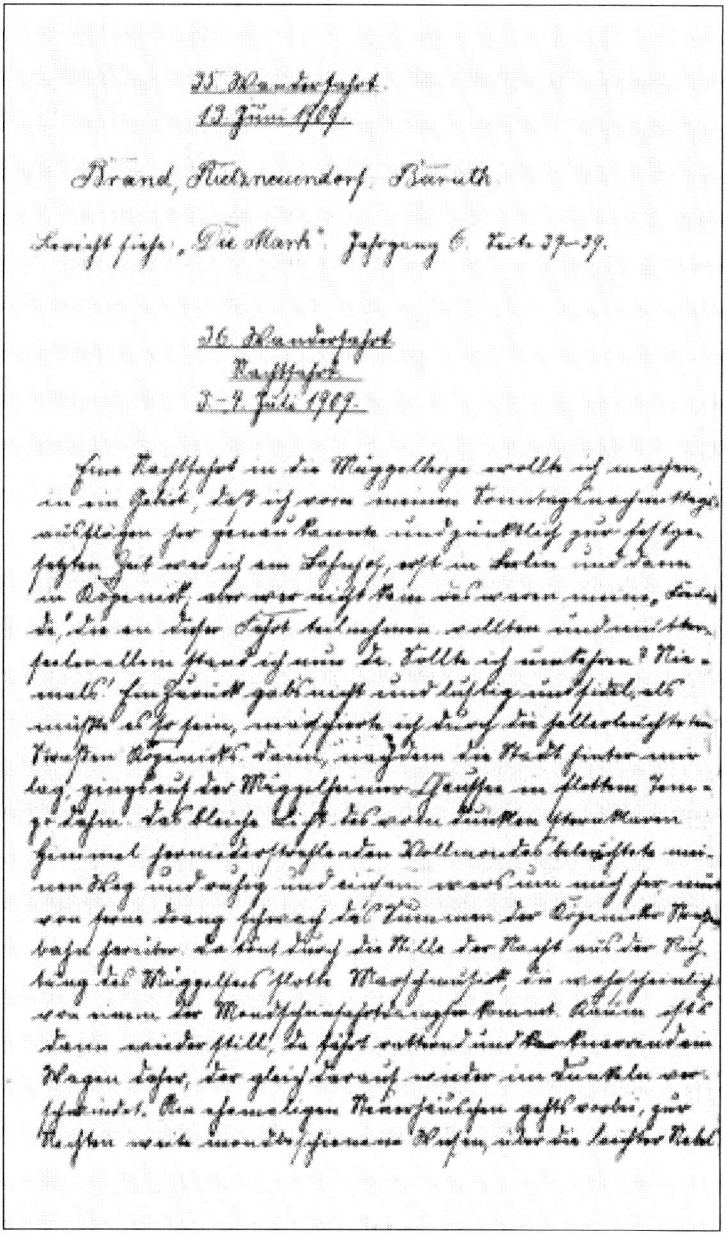

35. Wanderfahrt.
13. Juni 1909.

Brand, Rietzneuendorf, Baruth.

Bericht siehe „Die Mark". Jahrgang 6. Seite 37–39.

36. Wanderfahrt
Nachtfahrt
3.–4. Juli 1909.

Eine Nachtfahrt in die Müggelberge wollte ich machen, …

Willi Bulan: Erinnerungen an meine Wanderfahrten (Handschrift, gebunden). Archiv NaturFreunde, LV Berlin (Nachlass Bulan).

Blick vom Müggelsee zu den Müggelbergen mit der Bismarck-Warte, Postkarte von 1902.

Blick vom Westen (vom Kanonenberg) auf die Müggelberge mit dem Müggelturm, Postkarte um 1891.

Müggelturm, nach Plänen der Architekten Rosemann und Jacob. Vom Köpenicker Zimmermeister Martin im chinesischen Pagodenstil erbaut, finanziert durch den Wäscherei- und Färbereibesitzer Carl Spindler, 1890.

Holzschnitt von Hans Goesch.
Aus: Curt Grottewitz „Sonntage eines Großstädters in der Natur", Berlin, gedruckt für J.H.W. Dietz Nachf., 36. bis 45. Tausend, 1925, S. 87.

Peter Morris-Keitel

„... eine solche interessante Naturerscheinung in unverfälschter Echtheit ...": Curt Grottewitz als früher Vertreter ökologischer Nachhaltigkeitskonzepte

I.

Die in den dreißiger Jahren des 19. Jahrhunderts in Deutschland einsetzende und nach der gescheiterten Revolution von 1848/49 sowie im Zuge der Reichsgründung von 1871 von den bürgerlichen Schichten mit Nachdruck vorangetriebene Industrialisierung bewirkte einen grundlegenden Wandel der Gesellschaft. An die Stelle agrarisch-ländlicher Strukturen und Lebensweisen trat nun mehr und mehr ein von wissenschaftlich-technologischem Fortschritt dominiertes Industrialisierungsprogramm, das immer mehr Wohlstand und immer mehr Freiheit versprach und darum vom Bürgertum als endgültige Befreiung in den Kapitalismus begrüßt wurde. Alle noch bestehenden politischen und ökonomischen Hindernisse wurden durch die Konsolidierung der Macht mit dem alten Landadel, die Schutzzollgesetzgebung von 1878 und die gezielte Unterdrückung liberaler und sozialistischer Kräfte aus dem Weg geräumt. Das Ergebnis dieser Vorgehensweise zeigte sich in dem ab 1895 einsetzenden Wirtschaftsboom, in dessen Folge das Deutsche Reich 1913 zur zweitstärksten Industriemacht nach den USA avancierte.

Im engen Zusammenhang mit dieser Entwicklung stand die Bevölkerungszahl, die von 39,4 Millionen im Jahre 1871 auf 62,9 Millionen im Jahre 1910 sprunghaft anstieg. Im gleichen Zeitraum wuchs der Bevölkerungsanteil in Großstädten mit über 100.000 Einwohnern von 4,8 % auf 21,3 %. Am deutlichsten lässt sich die Verstädterung am Beispiel Berlins nachvollziehen, wo die Bevölkerung innerhalb von 23 Jahren – zwischen 1890 und 1913 – von 1,6 Millionen auf 2,7 Millionen anwuchs, ja unter Einbeziehung von Charlottenburg, Lichtenberg, Neukölln, Teltow u.a. sogar auf 4,2 Millionen.[1] Die durch die Industrialisierung verursachten, tief greifenden gesellschaftlichen Veränderungen basierten jedoch auf der massiven und rücksichtslosen Ausbeutung der Arbeiter und der Natur. Zur Bekämpfung dieser Mechanismen und zur Vertretung ihrer eigenen

---

1 Arno Klönne: *Die deutsche Arbeiterbewegung. Geschichte, Ziele, Wirkungen*, München 1989, S. 94f; Hubert Kiesewetter: *Industrielle Revolution in Deutschland 1815-1914*, Frankfurt/Main 1989, S. 79.

Foto aus der Ausgabe 1909.

Interessen und Forderungen organisierten sich die Arbeiter bereits 1863 im Allgemeinen Deutschen Arbeiterverein, 1869 in der Sozialdemokratischen Arbeiterpartei und ab 1875 in der Sozialistischen Arbeiterpartei Deutschlands (SAP). Im gleichen Zeitraum entstand im Zusammenhang mit zahlreichen Arbeiterorganisationen und -verbänden auf der Basis des Solidaritätsprinzips eine vielfältige Arbeiterkultur, deren Herausbildung auch die von 1878 bis 1890 geltenden Sozialistengesetze nicht verhindern konnten.[2] Gänzlich anders stand es dagegen um die zunehmend verdrahtete, zersiedelte und verbaute Natur. Im Deutschen Reich lässt sich bis 1900 weder eine von proletarischen noch von bürgerlichen Wertvorstellungen getragene Solidaritätsbewegung ausmachen, die sich in einem naturschützerischen oder gar frühökologischen Sinn für den Erhalt der Natur in ihrem Gesamtzusammenhang eingesetzt hätte.

Allerdings gab es bereits ab der zweiten Hälfte des 18. Jahrhunderts einzelne bürgerlich-humanistische oder national eingestellte Autoren, die sich in immer schärferer Form gegen den durch die zunehmende Verstädterung und Industrialisierung verursachten Raubbau an der Natur und insbesondere gegen das Abholzen der Wälder aussprachen und statt dessen – wie Wilhelm Heinrich Riehl in seinem Buch *Land und Leute* (1853) – für ein „Recht auf Wildnis" eintraten.[3] Im Zuge der forcierten Industrialisierung häuften sich solche Stimmen, und zwar sowohl bei der entstehenden Arbeiterbewegung als auch bei führenden Forstwissenschaftlern. Auf Seiten der Arbeiter setzte sich bereits um 1860 der Mitbegründer des Leipziger Arbeitervereins Emil Adolf Rossmässler in mehreren Schriften für einen antikapitalistischen und ins Ökologisch-Ganzheitliche zielenden Naturschutz ein. So schrieb er in seinem viel gelesenen Buch *Der Wald* (1863), dass die

> „Waldfläche Deutschlands oder besser Mitteleuropas, wenn nicht bereits unter, so doch gewiss gerade auf dem Maße steht, welches ständig erhalten werden muss, wenn nicht die klimatischen und Bewässerungsverhältnisse des bezeichneten Gebietes über kurz oder lang gefährlich gestört werden sollen. [...] Dabei ist es aber von höchster Wichtigkeit, die internationale Bedeutung des Waldes im Volke zum Bewusstsein gebracht zu haben, welche zwar jetzt schon im Sinne des Holztausches besteht, aber noch viel schwerer wiegt im Sinne der Bewässerung eines Landes, so dass die rechts

2 Vgl. hierzu die verschiedenen Beiträge in „Presse und Publizistik unterm Sozialistengesetz 1878 bis 1890. Teil 2: Presse, Publizistik, Verlage", *Pankower Vorträge* Heft 60, hrsg. von Helle Panke e.V., Berlin 2004.

3 Vgl. hierzu Jost Hermand: „‚Erst die Bäume, dann wir!' Proteste gegen das Abholzen der deutschen Wälder 1780-1950", in: *Mit den Bäumen sterben die Menschen. Zur Kulturgeschichte der Ökologie*, hrsg. von Jost Hermand, Köln 1993, S. 1-23.

> und links liegenden Rheinuferstaaten bis hinunter nach Holland auf Tod und Leben, oder wenigstens auf Gedeihen oder Verkommen ihres Ackerbaues und ihres Verkehrs dabei beteiligt sind, wie die Quellwaldungen des Rheines und seiner Zuflüsse behandelt werden."[4]

Ebenso äußerte sich August Bebel in seinem Buch *Die Frau und der Sozialismus* (1879), in dem er wie Rossmässler die großen „Waldverwüstungen" und die daraus resultierenden Überschwemmungen und Bodenerosionen auf die Profitinteressen der privaten Waldbesitzer zurückführte.[5] Um die Wälder als Lebensgrundlage des Menschen zu erhalten – darin stimmten die Sozialdemokraten Bebel und Rossmässler mit bekannteren Forstwissenschaflern wie Karl Gayer oder Adam Schwappach überein – müssten diese in Gemeinbesitz umgewandelt werden.[6]

II.

Obwohl die Naturzerstörungen im Deutschen Reich – besonders im Zuge der um 1895 einsetzenden wirtschaftlichen und industriellen Wachstumsphase – immer umfangreicher und damit immer sichtbarer wurden, interessierten sich für frühökologische Naturkonzepte zumeist nur naturwissenschaftlich gebildete Einzelne. Zu diesen ist auch der 1866 in Grottewitz bei Leipzig als Sohn eines bäuerlichen Gutsbesitzers geborene Max Curt Pfütze zu zählen. Anhand seiner zahlreichen Aufsätze und Bücher lassen sich höchst verschiedene Naturkonzepte nachweisen, die zusammen mit aufklärerisch-rousseauistischen und naturwissenschaftlich-materialistischen auch ökosozialistische Perspektiven widerspiegeln. Darüber hinaus setzte er sich in seinen Schriften stets für die Belange der untersten Bevölkerungsschichten ein, deren Lebensformen er bereits in seiner Jugend auf dem väterlichen Gut kennen gelernt hatte. Pfütze studierte zunächst in Berlin, München und Leipzig Literaturgeschichte, Germanistik und Philosophie, wurde Mitglied der SPD und schloss das Studium 1890 in Leipzig mit der Promotion zum Thema *Die Sprache in J.M.R. Lenzens Dramen* ab. In dieser Arbeit ging es ihm im Wesentlichen um die Erforschung von literarischen Einflüssen auf Lenz' Verwendung der „Volkssprache", wobei er neben den Werken von Shakespeare, Goldsmith und

---

4 Zitiert in Alfred Barthelmess: *Wald. Umwelt des Menschen*, Freiburg 1972, S. 94; vgl. ebenfalls Ulrich Linse: „Das Proletariat – Komplize der kapitalistischen Naturausbeutung?", in: *Mit den Bäumen sterben die Menschen*, (wie Anm. 3), S. 119-148.

5 August Bebel: *Die Frau und der Sozialismus*, Bonn 1985, S. 377.

6 Vgl. dazu den Beitrag von Arnold Hankel in diesem Band.

Goethe die natürliche Allgemeinverständlichkeit von Rousseaus Roman *Joulie ou la nouvelle Héloise* (1761) besonders hervorhob.[7]

Noch im selben Jahr zog Pfütze nach Berlin um und verkehrte regelmäßig im sozialengagierten „Ethischen Klub" sowie im sozialdemokratisch-naturalistisch ausgerichteten Friedrichshagener Dichterkreis, wo er neben anderen Wilhelm Bölsche, Bruno Wille, Heinrich Hart und Julius Hart kennen lernte. In der Folgezeit veröffentlichte er – jetzt bereits unter dem Namen Curt Grottewitz – mehrere Bücher über die Funktion von Literatur in der Gesellschaft,[8] wurde Mitarbeiter bei der seit 1832 bestehenden Zeitschrift *Das Magazin für Litteratur*, schrieb Aufsätze, Broschüren und Romane. In diesen Arbeiten trat Grottewitz nachdrücklich für die Überwindung der von Hippolyte Taine und Émile Zola entwickelten Milieutheorien ein, da wie er schrieb es der realistisch und naturalistisch ausgerichteten Literatur weder mit Hilfe der „neuen Wahrheiten Darwins, Haeckels usw." noch unter dem Einfluss des ihm „eintönig und oberflächlich" erscheinenden Nietzsche gelungen sei, über das Negative und Zerstörende der „alten Werte, Ideale und Schönheiten" hinweg positive Erkenntnis- und Gefühlswerte für die unteren Bevölkerungsschichten aufzustellen. Eine schärfere politische Parteinahme zugunsten dieser Schichten schien ihm besonders im Zusammenhang mit der Aufhebung der Sozialistengesetze von höchster Dringlichkeit.[9] Eine ähnliche Position vertrat auch Franz Mehring in einem Anfang des Jahres 1893 in der *Volksbühne* erschienenen Aufsatz, in dem er die Dichter des Naturalismus dazu aufrief, sich nicht länger als „Dekadenzjünger" und „Fäulnispiraten" mit dem Verfall der Gesellschaft zu brüsten, sondern als vorausschauende Hoffnungsträger und von einer „höheren Warte" aus endlich das „Entstehende" des neuen Zeitalters zu schildern.[10] In diesem Zusammenhang schwebten Grottewitz ferner gänzlich andere Naturkonzepte vor, als sie in der naturalistischen Kunstauffassung gang und gäbe waren. Wie sich bereits kurze Zeit später herausstellen sollte, orientierte er sich

7 Curt Pfütze: *Die Sprache in J.M.R. Lenzens Dramen*, Braunschweig 1890, S. 3ff.

8 Vgl. die Publikationsliste von Curt Grottewitz in diesem Band.

9 Grottewitz: *Die Zukunft der deutschen Literatur im Urteil unserer Dichter und Denker*, S. 122-126; ders.: „Die Überwindung des Milieus", *Das Magazin für Litteratur* 60 (1891), S. 455-457; vgl. dazu auch Wilhelm Bölsche: „Zur Ästhetik der Confusion", *Freie Bühne für modernes Leben* 2 (1891), S. 771-773. Bölsche als Verfechter der Milieutheorie warf Grottewitz vor, ein literarisches Fortschrittskonzept zu vertreten, das in Wirklichkeit nichts anderes als der „zweifellose Rückschritt zum Alten" und Metaphysischen sei.

10 Franz Mehring: „Der heutige Naturalismus", *Die Volksbühne* 1.3 (1892/93), S. 9-12, *Franz Mehring: Gesammelte Schriften*. Bd. 2: *Aufsätze zur deutschen Literatur von Hebbel bis Schweichel*, hrsg. von Thomas Höhle, Hans Koch und Josef Schleifstein, Berlin 1961, S. 131-133.

vielmehr an die im Rahmen der Französischen Revolution entworfenen Konzepte zur Aufhebung der Trennung zwischen Stadt und Land sowie zur Ökologisierung von Land- und Forstwirtschaft.[11]

Grottewitz' Vorstellungen fanden jedoch weder in Berliner und Friedrichshagener Literaturkreisen noch bei der SPD die erhoffte Anerkennung. Das lag zum einen daran, dass er in seiner literarischen Auseinandersetzung mit der „sozialen Frage" in Bezug auf die Arbeiterbewegung wesentlich eindeutigere Zielvorstellungen ins Auge gefasst hatte als die Mehrzahl der naturalistisch orientierten Schriftsteller, die sich zwar als Sozialisten verstanden, letztlich aber doch in einem bürgerlich-liberalen Gleichheits- und Freiheitsdenken verhangen blieben.[12] Darüber hinaus machte sich bei den Friedrichshagenern um 1892, nach einer kurzen Solidarisierungswelle im Zusammenhang mit der Aufhebung staatlicher Unterdrückungsmaßnahmen gegenüber der SPD, bereits wieder ein deutlicher Individualismus breit. Zum anderen kam Grottewitz' politische Stellungnahme auch der Sozialdemokratie höchst ungelegen, die sich schon in der Auseinandersetzung um den Streikaufruf zum 1. Mai, zu dem die II. Internationale im Juli 1889 in Paris aufgefordert hatte, zu keiner geschlossenen Haltung durchringen konnte und auch in den folgenden Jahren zusehends vorsichtiger taktierte, um im Wilhelminischen Macht- und Obrigkeitsstaat nicht wieder in die Illegalität gezwungen zu werden.[13]

Tief enttäuscht von der gesellschaftlichen Einflusslosigkeit seines literarisch-politischen Engagements, zog sich Grottewitz bereits 1893 aus Berlin und dem literarisch-akademischen Geschäft zurück. Zwar erschien 1894 noch ein weiterer Roman, doch war der Autor zu dieser Zeit bereits auf der Suche nach gänzlich anderen, ihm wesentlich konkreter erscheinenden Ausdrucks- und Wirkungsmöglichkeiten für seine Hoffnungen auf gesellschaftliche Veränderungen, die er keineswegs aufgegeben hatte. So fuhr er zunächst erst einmal nach Paris, wo er an der Sorbonne und im Jardin des Plantes naturwissenschaftliche Vorlesungen hörte. In den folgenden Jahren siedelte er als Kleinbauer in Eberswalde, Hennickendorf und Kagel, ernährte seine Familie mit eigenen, durch Schwerstarbeit gewonnenen landwirtschaftlichen Produkten und suchte vor allem – nach der

---

11 Vgl. Hans-Christian und Elke Harten: *Die Versöhnung mit der Natur. Gärten, Freiheitsbäume, republikanische Wälder, heilige Berge und Tugendparks in der Französischen Revolution*, Reinbek 1989.

12 Vgl. hierzu Herbert Scherer: *Bürgerlich-oppositionelle Literaten und sozialdemokratische Arbeiterbewegung nach 1890. Die Friedrichshagener und ihr Einfluß auf die sozialdemokratische Kulturpolitik*, Stuttgart 1974, S. 20.

13 Vgl. Jost Hermand: *Die deutschen Dichterbünde. Von den Meistersingern bis zum PEN-Club*, Köln 1998, S. 130-139.

Zurückweisung durch die Friedrichshagener Literaturboheme – die Nähe zur ländlichen Bevölkerung, von der er aufgrund seiner landwirtschaftlichen und naturwissenschaftlichen Kenntnisse und wohl auch wegen seiner umgänglichen Persönlichkeit schnell als ihresgleichen akzeptiert wurde.[14] Nebenbei betrieb Grottewitz theoretische und praktische naturwissenschaftliche Studien. Mit welchen Werken er sich im Einzelnen beschäftigt hat, lässt sich nicht mehr mit Sicherheit feststellen. Es kann jedoch aufgrund seiner nachfolgenden Publikationen davon ausgegangen werden, dass er eine große Anzahl gängiger naturwissenschaftlicher und sozialdemokratischer Schriften las, zu denen seinerzeit neben Alexander von Humboldt, Charles Darwin, Ernst Haeckel und August Bebel vor allem diejenigen der so genannten populären Materialisten Carl Vogt, Jacob Moleschott und Ludwig Büchner gehörten.[15] Zu Grottewitz' regelmäßiger Lektüre zählten sicher ebenfalls Zeitschriften wie die kleinbürgerliche *Gartenlaube* und die sozialdemokratische *Neue Welt*, in denen immer wieder naturwissenschaftliche Themenstellungen mit popularisierender Absicht abgedruckt wurden. Seine detaillierten Kenntnisse von Fauna und Flora lassen ebenfalls darauf schließen, dass Grottewitz sich ausführlich mit einschlägigen forstwissenschaftlichen, pflanzengeographischen und zoologischen Büchern – wie derjenigen von Karl Gayer, Adam Schwappach, Paul Graebner und Alfred Brehm – auseinandergesetzt hat. Aufgrund dieser umfangreichen Lektüre reifte in ihm der Entschluss, populärwissenschaftliche Aufsätze und Bücher über die Natur zu schreiben, in denen er sich zumeist an weniger gebildete untere Bevölkerungsschichten wandte. So erschienen um 1900, meist unter dem Pseudonym Kurt Zepka, zahlreiche Beiträge in sozialdemokratischen und bürgerlich-liberalen Blättern wie *Feuilleton-Zeitung*, *Die Hütte* und *Frankfurter Zeitung*.[16]

Um darüber hinaus wieder in die Nähe des großstädtischen Zentrums Berlin und der Industriearbeiterschaft zu gelangen, erwarb Grotte-

---

14 Vgl. Klaus-Peter Lorenz: „Curt Grottewitz (1866-1905) – ein vergessener Naturfreund", in: *Hundert Jahre Kampf um die freie Natur. Illustrierte Geschichte der Naturfreunde*, hrsg. von Jochen Zimmer und Wulf Erdmann, Essen 1991, S. 82-84.

15 Vgl. hierzu Antoon Berentsen: *„Vom Urnebel zum Zukunftsstaat". Zum Problem der Popularisierung der Naturwissenschaften in der deutschen Literatur (1880-1910)*, Berlin 1986; James Steakley: „Vom Urschleim zum Übermenschen. Wandlungen des monistischen Weltbildes", in: *Natur und Natürlichkeit. Stationen des Grünen in der deutschen Literatur*, hrsg. von Reinhold Grimm und Jost Hermand, Königstein 1981, S. 37-54.

16 Vgl. Heinz Hentschke: „Dr. Curt Grottewitz", *Hinweise-Fakten-Informationen* 2 (1981), hrsg. vom Bezirksfachauschuß des Deutschen Verbandes für Wandern, Bergsteigen und Orientierungslauf der DDR.

witz 1901 in Müggelheim einen Bauernhof und veröffentlichte noch im gleichen Jahr in der in Wien erscheinenden Zeitschrift *Die Zeit* eine Rezension der ersten beiden Bände von Bölsches Werk *Das Liebesleben in der Natur* (1898, 1900). Hierin begrüßte er zwar die präzise naturwissenschaftliche Darstellungsweise „von allen sexuellen Phänomenen in der Natur" und die dadurch zum Ausdruck kommende antireligiöse Perspektive, wandte sich jedoch nachdrücklich gegen den von Bölsche vertretenen Determinismus Darwinscher und Haeckelscher Prägung, den er aufgrund von fehlenden Klassenunterscheidungen als reine „Speculation" bezeichnete und daher „schroff" zurückwies.[17]

Es kann kein Zweifel daran bestehen, dass Grottewitz trotz oder gerade wegen seiner umfassenden Kenntnisse von aufklärerischen und naturwissenschaftlichen Werken weder zu einem Anhänger des Darwinismus noch des Monismus wurde. Doch welche Naturkonzepte schwebten ihm dann vor? Mit dieser Frage muss sich Grottewitz lange auseinander gesetzt haben, denn er veröffentliche 1902 eine umfassende theoretische Schrift mit dem Titel *Die Naturgeschichte im 19. Jahrhundert*. Dieses Buch erschien im Rahmen der Reihe „Am Anfang des Jahrhunderts" im Verlag der Sozialistischen Monatshefte, der unter anderem auch politisch-ökonomische Werke von Paul Kampffmeyer, Eduard Bernstein, August Bebel und Kurt Eisner herausbrachte. In seiner historischen Darstellung von aufklärerisch-philosophischen und naturwissenschaftlichen Werken seit dem 18. Jahrhundert stellte Grottewitz von Anfang an klar, dass Naturkonzepte mit Gesellschaftsgeschichte, Kunstgeschichte, Philosophie und der menschlichen Existenz überhaupt aufs Engste „verknüpft" sind. Auf der Grundlage dieses Ganzheitsdenkens beurteilte er die aufklärerische Intention von Natur- und Gartenidealen in den Werken Rousseaus, Humboldts, Goethes und Alexander Popes durchweg positiv, wogegen sich an der romantischen Naturphilosophie – Schelling, Fichte und Hegel – lediglich ablesen lasse, „wohin man kommt, wenn man vor der Wirklichkeit die Augen verschließt und die Phantasie arbeiten lässt." Erst nach 1840 sei es wieder zu gesellschaftsbezogenen Naturerkenntnissen gekommen, die sich danach in Kunst, Literatur und Politik als „Naturalismus oder Realismus" bemerkbar gemacht hätten. Diese Konzepte seien ferner von „soliden Geistesarbeitern" entworfen worden, „die noch nichts von Reklame und Orden, von Strebereien irgendwelcher Art wussten." Mit dieser Kritik zielte Grottewitz eindeutig auf Darwin ab, denn er schrieb, dass dieser in seinem talmihaften Werk *On the Origin of Species*

17 Grottewitz: „Das Liebesleben in der Natur", *Die Zeit* 26 (1901), S. 165.

(1859) lediglich längst bekanntes Wissen mit groß angelegter Wirkung neu zusammengestellt habe. Erst Ernst Haeckel habe mit seinen Schriften dem Menschen einen festen „Platz im Reiche des Lebendigen gegeben", indem er ihn ein „gutes Stück von der Mittelpunktstellung weg gerückt" habe, „die ihm der Aberglaube und die Einbildung der Menschen eingeräumt hatten. Der Mensch erschien nun nicht mehr als etwas Abgesondertes, über allem Lebenden und über der ganzen Natur stehend, sondern er wurde jetzt in die Rangliste der Tiere eingereiht." Demnach, meinte Grottewitz, liege das wichtigste Verdienst der Evolutionstheorie in der Einsicht, „dass dem Menschen auch auf der Erde keine über die Natur erhabene Position zukommt" und er „mehr denn je" seine Wurzeln „in dieser alten Erde" finden müsse.[18] Die Überwindung des anthropozentrischen Denkens ermögliche es dann auch,

> „ganze Provinzen der Erde in ihren natürlichen Grundbedingungen zu betrachten. Ohne Zweifel ergibt sich die Natur eines Landes aus dem Zusammenwirken seiner Pflanzen- und Tierwelt, seiner Bodenverhältnisse und seines Klimas. Das eine wird durch das andere bedingt und ist erst durch das andere verständlich. Alles zusammen aber gewährt erst eine wirklich allseitige Kenntnis eines Landes."

Allerdings habe auch diese ganzheitliche Naturperspektive den Menschen nicht davon abgehalten, gegen Pflanzen und Tiere einen regelrechten „Vernichtungskrieg" zu führen, so dass er sich jetzt zwar von „meilenweit kultivierten Äckern, Gärten und Forsten" umgeben sehe, Tiere und Pflanzen jedoch „aus Mangel an Raum und Nahrung untergehen."

Folgerichtig kam Grottewitz am Schluss seines Buchs zu der Erkenntnis, dass die Naturwissenschaften dem Menschen „etwas Riesenhaftes gegeben" hätten, nämlich „die Natur" an sich: „In ihren bunten, unerschöpflichen Bildern, in dem Glanze und der Erhabenheit ihrer Erscheinungen zwingt sie uns zum ästhetischen Niederknieen vor ihrer Schönheit. Sie ist uns aber auch eine Mutter, eine Ernährerin, bei der unser Geist und unser Gemüt mit Freude verweilt." Allerdings lebe „gerade jetzt" ein „großer Teil der kultivierten Menschheit fast völlig von der Natur abgeschlossen", so dass es „noch ein weiter Schritt bis dahin" sei, „dass die Natur wirklich Gemeingut des Volkes wird."[19] Dabei stand für Grottewitz außer Frage, dass die Verwirklichung einer auf ökologischen Wertvorstellungen basierenden Wirtschafts- und Gesellschaftsordnung nur durch die Solidaritätsbewegung von großstädtischen und ländlichen

---

18 Grottewitz: *Die Naturgeschichte im 19. Jahrhundert*, Berlin 1902, S. 9, 12, 15f, 36f.

19 Ebda., S. 39, 49, 56f.

Arbeiter- und Unterschichten zu erreichen war, wie dies William Morris bereits 1890 in seinem ökosozialistischen Roman *Kunde von Nirgendwo* (*News from Nowhere*) auf vorbildliche Weise dargestellt hatte. Diese historische Betrachtungsweise widerlegt ferner grundsätzlich die von einem Teil der neueren Forschung vertretene postmodern-revisionistische Ansicht, dass der naturalistischen Weltanschauung durchweg biologistisch-darwinistische und elitär-deutschtümelnde Haltungen zugrunde gelegen hätten, die kurze Zeit später zwangsläufig zur Etablierung totalitärer Regime führen mussten.[20]

Mit seinen Einsichten in den Gesamtzusammenhang der Natur, wie sie kurz danach auch von bürgerlich-antikapitalistischen Reformbewegungen wie dem Heimatschutz und dem Wandervogel vertreten wurden,[21] geriet Grottewitz in die Nähe der kultursozialistischen Ansichten von proletarischen Freidenkern wie Alois Rohrauer und Georg Schmiedl, die 1895 in Wien eine Arbeiterwanderorganisation, den „Touristenverein ‚Die Naturfreunde'" (TVdN), gegründet hatten.[22] Obwohl sich derartige Wandervereine in Berlin erst ab 1908 nachweisen lassen, ist mit hoher Wahrscheinlichkeit anzunehmen, dass Grottewitz bereits aus der seit 1897 erscheinenden Zeitschrift *Der Naturfreund* von den lebensreformerischen sowie natur- und heimatschützerischen Zielen der Wiener Bewegung erfahren hatte. Diese Zeitschrift hatte 1898 einen Aufsatz von Karl Renner, einem der Mitbegründer, abgedruckt, in welchem dieser sich in scharfer Form gegen das bürgerliche Wirtschafts- und Besitzdenken und die damit Hand in Hand gehende Naturzerstörung wandte:

> „O! Wir neiden auch nicht euren Reichtum. Wenn wir am Gipfel des Berges steh'n, über uns das unendliche Blau, um uns reine, freie, neidlose Hö-

---

20 Vgl. u.a. Dieter Kafitz: *Johannes Schlaf – Weltanschauliche Totalität und Wirklichkeitsblindheit. Ein Beitrag zur Neubestimmung des Naturalismus-Begriffs und zur Herleitung totalitärer Denkformen*, Tübingen 1992; Dagmar Kaiser: *„Entwicklung ist das Zauberwort". Darwinistisches Naturverständnis im Werk Julius Harts als Baustein eines neuen Naturalismus-Paradigmas*, Mainz 1995; Claudia Bibo: *Naturalismus als Weltanschauung? Biologistische, theosophische und deutsch-völkische Bildlichkeit in der von Fidus illustrierten Lyrik (1893-1902)*, Frankfurt/Main 1995.

21 Vgl. William Rollins: *A Greener Vision of Home. Cultural Politics and Environmental Reform in the German ‚Heimatschutz' Movement, 1904-1918*, Ann Arbor 1997; Peter Morris-Keitel: *Literatur der deutschen Jugendbewegung. Bürgerliche Ökologiekonzepte zwischen 1900 und 1918*, Frankfurt/Main 1994; Andreas Knaut: *Zurück zur Natur! Die Wurzeln der Ökologiebewegung*, Greven 1993.

22 Vgl. Hartmann Wunderer: „Der Touristenverein ‚Die Naturfreunde' – eine sozialdemokratische Arbeiterkulturorganisation (1895-1933)", in: *Internationale wissenschaftliche Korrespondenz zur Geschichte der deutschen Arbeiterbewegung* 13 (1977), S. 506-520; Walter und Anna Lindemann: *Die proletarische Freidenkerbewegung. Geschichte Theorie Praxis*, Münster 1980 [1926].

> henluft, unter uns der wogende Wald, den ihr nicht gepflanzt, die wallende Flur, die ihr nicht besät, die steinerne Stadt, die ihr nicht gebaut, dann lachen wir über diejenigen, die diese Welt in lange und breite Streifen theilen, wie Krämerlädchen, die sich um dies Fleckchen beneiden, hassen, anfeinden.“[23]

Es ist daher nicht weiter verwunderlich, dass Grottewitz aufgrund seines Engagements für die unteren Bevölkerungsschichten nach Möglichkeiten für eine Popularisierung seiner ökologischen Einsichten suchte, wie sie insbesondere das um die Jahrhundertwende einsetzende Arbeiterwandern bot.[24] Dabei schwebte ihm weniger ein eskapistisches Geselligkeitsverhalten vor, als ein anspruchsvolles politisches und ökonomisches Bildungskonzept, das die Arbeiter auf den gesellschaftlichen, kulturellen und ökologischen Wert der Natur in einem aufklärerisch-solidarischen Sinne hinweisen sollte. Jedenfalls beschäftigte sich Grottewitz in diesen Jahren eingehend mit der Umsetzung solcher Konzepte in populärwissenschaftliche, bildende und zugleich unterhaltende Schriften. Allerdings sollte er weder deren Veröffentlichung in Buchform noch ihre Wirkung auf die Berliner Arbeiterbewegung erleben, da er im Juli 1905 in der Großen Krampe ertrank.

III.

Die Herausgabe der nachgelassenen Schriften erfolgte durch Wilhelm Bölsche, mit dem Grottewitz spätestens seit 1890 befreundet gewesen war. So erschien zuerst im Jahre 1906 beim sozialdemokratischen Verlag Vorwärts Grottewitz meistgelesenes Buch *Sonntage eines großstädtischen Arbeiters in der Natur*, das 1925 bereits zum fünften Mal aufgelegt wurde. Ab der 1913 erscheinenden vierten Auflage änderte Bölsche den Titel eigenmächtig in *Sonntage eines Großstädters in der Natur* um, wobei jedoch der Inhalt unangetastet blieb. 1907 folgte, erneut beim Vorwärts Verlag, Grottewitz' Schrift *Unser Wald. Ein Volksbuch*, das bis 1924 ebenfalls in mehreren Auflagen erschien. Das Material für diese beiden Bücher war offenbar noch von Grottewitz erarbeitet und zusammengestellt worden, weswegen diese als Grottewitz' eigenständige Leistung anzusehen sind. Anders ist dies bei dem 1928 im sozialdemokrati-

---

23 Karl Renner: „Der Arbeiter als Naturfreund und Tourist“, *Der Naturfreund* (1898), S. 1ff., zitiert in Manfred Pils: *„Berg frei!“: 100 Jahre Naturfreunde*, Wien 1994, S. 27.

24 Vgl. Dieter Kramer: „Arbeiter als Touristen: Ein Privileg wird gebrochen“, in: *Mit uns zieht die neue Zeit. Die Naturfreunde. Zur Geschichte eines alternativen Verbandes in der Arbeiterkulturbewegung*, hrsg. von Jochen Zimmer, Köln 1984, S. 31-65.

schen Verlag Der Bücherkreis erschienenen Werk *Der Mensch als Beherrscher der Natur*, bei dem Bölsche nicht mehr wie bisher als Herausgeber sondern zusammen mit Grottewitz als Autor auftrat. Dabei hatte Bölsche bereits in den Jahren zuvor – vor allem durch die Titeländerung und in seinen diversen Vorworten – versucht, Grottewitz' Schriften aus dem Umfeld der Arbeiterbewegung zu lösen und sie der ihm näher stehenden Heimatschutzbewegung zuzuschlagen. Daher wirkt das Buch *Der Mensch als Beherrscher der Natur* durch Bölsches Bearbeitung, dessen umfangreiche Zusammenfassung und trotz der scharfen Kritik an den naturzerstörerischen Auswirkungen der „Weltwirtschaft" eher als eine von Darwin und Haeckel beeinflusste Evolutionsschrift als ein auf ökonomischen und sozialen Unterschieden und ökologischen Erkenntnissen basierendes aufklärerisches Werk im Sinne jenes Naturkonzepts, für das sich Grottewitz um 1900 stark gemacht hatte.[25] Diese Kritik an Bölsche schmälert jedoch weder seine Leistungen im Zusammenhang mit der Veröffentlichung von Grottewitz' Schriften noch dessen Beitrag zur Kulturgeschichte der Ökologie.

Eine vergleichbare ökologische und politische Zielrichtung, mit der Grottewitz in seiner Schrift *Die Naturgeschichte im 19. Jahrhundert* in die Theoriebildung der SPD eingreifen wollte, bestimmte auch sein Buch *Sonntage eines großstädtischen Arbeiters in der Natur*. Dabei wandte er sich in Anlehnung an die sozialdemokratische Kulturpolitik und im Sinne lebensreformerischer Bestrebungen, wie sie die Naturfreundebewegung vertrat, sowohl an die Berliner Arbeiterbewegung als auch an die ländlichen Bevölkerungsschichten, wobei er – wie der Titel bereits besagt – deren Aufenthalt in der Natur an ihrem arbeitsfreien Tag mit einem politischen Engagement zugunsten der verschandelten Natur zu verbinden suchte. Um in den Arbeitern die „Liebe für die Natur" zu wecken, entwarf Grottewitz ein „Gesamtbild" von der Natur am Beispiel der ländlichen Umgebung Berlins. Die jahreszeitlich bedingten Veränderungen der Natur werden im Rahmen von zwölf Kapiteln – sie entsprechen der monatlichen Abfolge von Januar bis Dezember – aus der Sicht eines Wanderers auf allgemein verständliche und zugleich anspruchsvolle Weise in ihren biozentrischen Zusammenhängen geschildert. Der Wanderer, ein gewisser „Herr Tanzmann", der seine handwerklichen Erfahrungen noch „auf der Walze" gesammelt hat, vertritt dabei mit solidarisierender Absicht sowohl die Perspektive der ausgebeuteten Bevölkerungsschichten

---

25 Curt Grottewitz und Wilhelm Bölsche: *Der Mensch als Beherrscher der Natur*, Berlin 1928, S. 176.

als auch die der ausgebeuteten Natur. Im Vordergrund stehen nicht etwa oberflächliche Schilderungen von Naturwanderungen, sondern die Einsicht, dass der ökonomische und wissenschaftlich-technologische Fortschritt auf der groß angelegten Ausplünderung und Vernichtung der Natur basiert. So lesen wir, dass die „überall vom Menschen schonungslos" verfolgte Natur bereits zur Ausrottung von Pflanzen, Tieren und Bäumen – wie Eichen und Linden – geführt habe und moderne Stadtmenschen bereits „ganz den Zusammenhang mit der Natur verloren" hätten. Schon heute zöge es der völlig „außerhalb" der Natur stehende „geborene Groß-Berliner" vor, „seine chemisch präparierte Sonntagsstulle (mit amerikanischem Bratenschmalz)" unter „Aufsicht des Schutzmannes im sechsten Stockwerk" zu verzehren, anstatt wie ein „richtiges Naturkind" alle industriell gefertigten „Surrogate" abzulehnen und sich an den Produkten von regionalen, kleinbäuerlichen Betrieben zu erfreuen. Der besondere Zorn des Herrn Tanzmann trifft zum einen den „Vandalismus" skatspielender und offensichtlich „gut situierter Leute" im Wald, die mit ihrem „infamen Gewerbe" lediglich die Luft verpesteten, und zum anderen jene Fahrradfahrer, welche die Natur in ihrer „absoluten Ruhe" störten:

> „Ihr seid mir schon die windigsten Gesellen, ihr Radler, sagte er, krummbucklige Tretfüßler, schwindsuchtsberechtigte. Ihr Naturverfahrer, die ihr an Baum und Strauch und Wald und Wiese unachtsam vorüber rast mit dem einzigen Gedanken an die Kilometerzahl, die ihr zurücklegen müsst, ihr armseligen Kilometerphilosophen. Ihr blinden Streber, die ihr die Herrlichkeit der Welt nach Meilensteinen und Radumdrehungen berechnet und keuchend, Atem ringend, schweißtriefend euer Tagespensum abhaspelt, bloß um wieder zehn Meilen Radfahrt hinter euch zu haben. Ein herrliches Möbel, eure Drehmaschine, die euch das letzte bisschen Naturempfinden ausdreht und mit euch durchbrennt, ehe ihr nur anfangen könnt, euern Verstand zu sammeln. Ja, ja, ihr habt Recht, euch gehört die Zukunft, so katzbuckelnd, mit dem einzigen Wunsche sich vorwärts zu drehen, so macht man Karriere!"[26]

Es wäre falsch, Grottewitz lediglich als Vertreter kleinbürgerlicher Ansichten verstehen zu wollen, belegt doch seine Kritik deutlich den direkten Zusammenhang zwischen der voranschreitenden Technologisierung und der Entfremdung des Menschen von der Natur, wodurch dieser über kurz oder lang zu einer unkritischen Fortschrittsgläubigkeit verurteilt wird.

---

26 Grottewitz: *Sonntage eines großstädtischen Arbeiters in der Natur*, Berlin 3. Aufl. 1909, S. 13, 16, 17, 18, 25, 27, 39, 44, 68, 77.

Grottewitz sparte gleichfalls nicht mit Kritik an der um die Jahrhundertwende immer deutlicher zutage tretende Verbürgerlichung, Bürokratisierung und Anpassung der Sozialdemokratie an den wilhelminischen Obrigkeitsstaat.[27] Die reformistische Politik der SPD habe wesentlich zu den „verwünscht gemäßigten Zuständen" im Deutschen Reich beigetragen, während doch „Millionen blühender Existenzen" – Grottewitz nannte sie liebevoll „Hungerblümchen", nach denen man sich jedoch bücken müsse, um ihre soziale Lage zu erkennen – zur Befreiung von ihren kapitalistischen „Peinigern" bereitstünden.[28]

Positiv erscheint dagegen nur die Natur, deren „radikalste Friedfertigkeit" eine faszinierende Wirkung auf die Leserschaft ausüben soll. Grottewitz' besondere Leistung ist daher wohl die höchst einfühlsame und kenntnisreiche Beschreibung von Biotopen, alten Bäumen und ganzen Wäldern, in die er nicht weniger informative naturgeschichtliche Betrachtungen einfließen ließ. Allerdings lässt der Autor keinen Zweifel daran, dass die profitorientierten Methoden der „rationellen Forstwirtschaft", wie sie in der „plan- und verständnislosen Privatwirtschaft" vorherrschten, die Wälder ihrer natürlichen, biologisch-organischen Grundlage beraubt hätten. Ebenso wandte er sich gegen die Einfuhr von Bäumen und „Pflanzen aus fernen Ländern", um bereits ausgerottete deutsche Baum- und Pflanzenarten zu ersetzen. Dies führe nur zu modisch-eintönigen „Künsteleien" und verstelle den „Sinn für Natur" in ihrer „reichen Mannigfaltigkeit". Es sei überhaupt eine direkte Folge des zunehmenden Welthandels, dass „man der Natur Gewalt antut [...], ohne sich um ihre Lebensinteressen zu kümmern. Die Sache rächt sich eben, entweder gleich oder später." Demgegenüber – schrieb Grottewitz – lasse sich die ursprüngliche „Einheitlichkeit einer natürlichen Landschaft" nur noch anhand der „wunderbaren Harmonie" staatlicher Wälder erfahren. Erst in dieser Umgebung könne der Mensch wieder ein „Heimweh" nach der Natur entwickeln, wodurch es ihm auch gelingen könne, sich von seinen anthropozentrischen und naturzerstörerischen Konsumgewohnheiten zu lösen.[29]

---

27 Vgl. *Rosa Luxemburg. Politische Schriften I*, hrsg. von Ossip K. Flechtheim, Frankfurt/Main, 3. Aufl. 1968, S. 5-46.

28 Grottewitz (wie Anm.26), S. 21, 29, 45.– Vgl. hierzu ebenfalls Annette Dorgerloh: „Kornblumen und Königin Luise: Pflanzensymbolik im Erinnerungskult", in: *Schön und Nützlich. Aus Brandenburgs Kloster-, Schloss- und Küchengärten*, hrsg. vom Haus der Brandenburgisch-Preußischen Geschichte, Berlin 2004, S. 193-203.

29 Grottewitz (wie Anm.26), S. 38, 40, 46, 75, 76.

Um nicht in die ideologische Nähe der revisionistischen Kräfte innerhalb der SPD zu geraten, die für ein reformerisches Hineinwachsen in den Sozialismus eintraten und sich dabei nicht selten an die Evolutionstheorien von Darwin und Haeckel hielten, appellierte Grottewitz immer wieder an die Arbeiterbewegung, sich in ihrem Kampf gegen Ausbeutung und Unterdrückung mit der Natur brüderlich zu verbinden. Allerdings tat er dies zumeist auf metaphorische Weise, indem er beispielsweise eine Gruppe von Akazien (gemeint sind Robinien), die sich sowohl durch raue Borke und scharfe Dornen als auch durch schnelles Wachstum und duftende weiße Blüten auszeichnen, mit der gemeinschaftlichen Haltung der Arbeiter verglich und dabei zu folgender Schlussfolgerung gelangte: „Was doch die Natur für ein alter Revolutionär ist, sagte Herr Tanzmann, hier reißt sie ein und dort spendet sie wie ein Verschwender. Man hätte sie längst eingesperrt, wenn man das dazu nötige Geld nicht für andere ähnliche Kulturzwecke brauchte!"[30] Gegen die „kurzsichtige Raubwirtschaft" sei Solidarität „noch die einzige Hoffnung, die lässt sich nicht so leicht totmachen." Für Grottewitz stand damit außer Frage, dass der Arbeiterbewegung zur Verwirklichung eines von ökologischen und sozialen Perspektiven bestimmten Wirtschaftssystems eine führende Rolle zufallen müsse.

Ähnliche ökologische Einsichten und politisch-ökonomische Forderungen lassen sich auch in den Schriften *Unser Wald. Ein Volksbuch* (1907) und *Der Mensch als Beherrscher der Natur* (1928) nachlesen. In ihnen verzichtete Grottewitz auf die Schilderung von Wanderungen in der Natur und versuchte stattdessen, auf populärwissenschaftliche Weise Einblicke in die Naturzusammenhänge zu vermitteln. So finden sich neben ausführlichen Beschreibungen der biologischen Artenvielfalt von Bäumen, Büschen, Blumen, Pflanzen und Tieren auch detaillierte Erörterungen von Obstbäumen und Getreidearten. Im Mittelpunkt seiner Kritik steht dabei die zunehmende „Herrschaft" des Menschen über die Natur, wodurch Bären, Wölfe und Luchse in Deutschland bereits ausgerottet seien und Störche und Großtrappen immer weiter zurückgedrängt würden. Dies führte Grottewitz auf die „Alleinherrschaft der heutigen Wirtschaftsweise" zurück, die durch das Gewinnstreben insbesondere im Umgang mit Wäldern dazu geführt habe, dass die ältere „Plenterwirtschaft", die auf dem Erhalt von Mischwäldern basierte, „fast überall der Kahlhiebwirtschaft" gewichen sei. Darüber hinaus habe der Transport „selbst leicht verderbender Waren von Erdteil zu Erdteil" zur Verbreitung von

30 Ebda., S. 20, 23.

„exotischen Pflanzen" in Deutschland geführt, so dass nun jeder gut bürgerliche Blumen- und Pflanzenfreund meine, seinen „Villengarten quadratmeterweise mit aparten, natürlich möglichst neumodischen, ganz gleich welchen, Blumen ausstaffieren" zu müssen.[31]

Der eigentliche Wert dieser beiden Bücher liegt jedoch darin, dass die „Nützlichkeit" der Natur im Sinne ihrer wirtschaftlich-anthropozentrischen Ausbeutung ganz zurücktritt. Vielmehr versuchte Grottewitz, die Natur in ihrer Totalität zu erfassen, indem er zusammen mit der klimatischen Bedeutsamkeit der Wälder immer auch ihre kulturelle und ästhetische Bereicherung für den Menschen hervorhob. Doch werde es diesem erst dann gelingen, die Wälder als einen wahren „Schatz von Kraft und Trost und Freude" zu erkennen, wenn er seinen egoistischen und zerstörerischen Bereicherungsdrang durch ein kollektives Verantwortungsbewusstsein ersetze, das auch die Natur mit einbezieht.[32]

Aufs Ganze gesehen sind Grottewitz' Schriften als wesentlicher und eigenständiger Beitrag zur Herausbildung sozialistischer Ökologiekonzepte in der Nachfolge von Marx und Bebel zu werten.[33] Gleichzeitig lieferten sie in ihrer Praxisbezogenheit eine theoretische Grundlage für die ab 1905 auch im Deutschen Reich auftretende Naturfreundebewegung. Aufgrund seiner umfassenden naturwissenschaftlichen Kenntnisse gelangte Grottewitz jedoch schon einige Jahre vor dieser zu den dargestellten ökologischen Schlussfolgerungen, wodurch seinen Arbeiten ein deutlicher Vorbildcharakter insbesondere für die Berliner Naturfreunde zukam. Bei historischer Betrachtung sind Grottewitz' Arbeiten also durchaus zum Umfeld dieser Bewegung zu rechnen, die wenige Jahre vor dem Ersten Weltkrieg ganzheitliche Naturauffassungen mit einem konkreten sozialpolitischen Engagement verband.[34] Dabei ist ferner offensichtlich, dass Grottewitz weder eine romantische Naturverklärung im Auge hatte noch auf vage anarchistische Strategien hoffte,[35] sondern auf die konkrete Umsetzung seiner Konzepte in die politische und ökonomische Realität

---

31 Grottewitz: *Unser Wald. Ein Volksbuch*, Berlin 1924, S.12; Grottewitz/Bölsche: *Der Mensch als Beherrscher der Natur*, Berlin, 1928, S. 89, 112.

32 Grottewitz: *Unser Wald*, S. 20.

33 Vgl. Jost Hermand: *Grüne Utopien in Deutschland. Zur Geschichte des ökologischen Bewußtseins*, Frankfurt/Main 1991, S. 75-82.

34 Vgl. Hans Peter Schmitz: „Naturschutz – Landschaftsschutz – Umweltschutz: Der TvdN als ökologisches Frühwarnsystem der Arbeiterbewegung", in: *Mit uns zieht die neue Zeit* (wie Anm. 24), S. 184-204; Ulrich Linse: „Die ‚freie Natur' als Heimat: Naturaneignung und Naturschutz in der älteren Naturfreundebewegung", in: *Hundert Jahre Kampf um die freie Natur* (wie Anm. 14), S. 63-77.

35 Dies behauptet Ulrich Linse: *Ökopax und Anarchie. Eine Geschichte der ökologischen Bewegungen in Deutschland*, München 1986, S. 44-56.

durch die Naturfreundebewegung setzte. Andererseits sollte dies nicht darüber hinwegtäuschen, dass der Autor keineswegs ausschließlich das großstädtische Proletariat im Auge hatte, sondern mit seinen Schriften alle unteren Bevölkerungsschichten erreichen wollte, um deren soziale und politische Forderungen mit dem Eintreten für ganzheitliche Naturzusammenhänge auf solidarische Weise zu verbinden und zu fördern. Wie sich in seinen Büchern und Aufsätzen immer wieder nachlesen lässt, war sich Grottewitz durchaus der Tatsache bewusst, dass es im Hinblick auf einen wirklichen Fortschritt nicht einfach damit getan sein konnte, das privatwirtschaftliche Gesellschaftssystem durch ein staatswirtschaftliches zu ersetzen, ohne dabei den beiden Systemen zugrunde liegenden Raubbau an der Natur durch andere, auf ökologisch-sozialen Prinzipien beruhende Ökonomiekonzepte zu ersetzen. Allerdings wäre er beim Entwurf derartiger Leitbilder gezwungen gewesen, wie William Morris ins Utopische auszuweichen, was Grottewitz als praxisorientierter Mensch wohl absichtlich vermied. Dass seine Schriften trotzdem in diese Richtung tendierten und auch so verstanden wurden, belegt allein schon die Popularität seines Buchs *Sonntage eines Großstädters in der Natur*, mit dem es Bölsche durch die Titeländerung gelang, breiteste Bevölkerungsschichten zur Lektüre anzuregen. Dies führte zweifellos zu einer weiteren Verbreitung von Grottewitz' biozentrischen Konzepten, als dies im Rahmen der Arbeiterbewegung möglich gewesen wäre.

Es ist also nicht erstaunlich, dass Grottewitz im Zeitraum bis 1933 von den Mitgliedern des Berliner „Arbeiter-Wanderbundes ‚Naturfreunde'", der sich 1909 als linksgerichtete Organisation vom „Touristenverein ‚Die Naturfreunde'" abspaltete, besonders verehrt, ja als Held gefeiert wurde.[36] So wurden in deren Zeitschrift *Der Wanderfreund* immer wieder naturwissenschaftlich ausgerichtete Aufsätze des Autors abgedruckt, es erschienen Nachrufe, und ganzseitige Anzeigen wiesen auf die „hohe künstlerische Gestaltungskraft" von Naturzusammenhängen in seinen bekanntesten Büchern *Sonntage eines großstädtischen Arbeiters in der Natur* und *Unser Wald* hin. Die Wirkung von Grottewitz' Haltung lässt sich an den 1909 in derselben Zeitschrift veröffentlichen „Lebensregeln für

36 Vgl. Jochen Zimmer: „Grüne Inseln im Klassenkampf'? Umweltschutzpolitik bei den Naturfreunden zwischen naturromantischer Ethik und sozialpolitischem Engagement", in: *Hundert Jahre Kampf um die freie Natur* (wie Anm. 14), S. 37-62; Erich Hobusch: „Zur Geschichte des Arbeiter-Wanderbundes ‚Die Naturfreunde' (A.W.B.) von 1909-1929", *Grüner Weg 31a* 12 (1998), S. 32-58; Viola Denecke: „Der Touristenverein ‚Die Naturfreunde'", in: Franz Walter, Viola Denecke und Cornelia Regin: *Sozialistische Gesundheits- und Lebensreformverbände*, Bonn 1991, S. 241-291.

Waldbesucher“ ebenso nachweisen wie in den zahlreichen Natur- und Heimatschutzaktivitäten sowie den Protestaktionen des Wanderbundes gegen die geplante Trockenlegung des Spreewaldes im Jahre 1914. Auch nach dem Ersten Weltkrieg richtete der Arbeiter-Wanderbund seine kulturpolitische Arbeit an Grottewitz’ Schriften aus, indem er diese immer wieder als vorbildlich für Arbeiter hinstellte, da diese sich hierin umfassend über den „Zusammenhang der Dinge in der Natur“ informieren könnten.[37] Ferner bauten 1924 Mitglieder der Ortsgruppe Köpenick des Touristenvereins „Die Naturfreunde“ die an der Mündung der Großen Krampe gelegenen Fischerhütten zu einem Naturfreundehaus aus und nannten diesen Wanderstützpunkt 1928 im Andenken an ihren Helden „Curt-Grottewitz-Hütten“.[38] Die Machtübergabe an die Nationalsozialisten am 30. Januar 1933 beendete schlagartig sämtliche Aktivitäten der Arbeiterbewegung und führte darüber hinaus zur Desavouierung aller ins Ökologische zielenden Naturkonzepte.

IV.

In der DDR wurde die Erinnerung an Grottewitz durch den gelernten Schriftsetzer Heinz Hentschke (1904-1993) lebendig gehalten, der als Mitglied im „Arbeiter-Wanderbund ‚Naturfreunde‘“ schon kurz nach dem Ersten Weltkrieg mit dessen Büchern in Berührung gekommen war.[39] Das wissenschaftliche Interesse an der konkreten Arbeiterkultur entwickelte sich in der DDR erst in den siebziger und achtziger Jahren auf einer breiteren Grundlage. Dabei suchte insbesondere die Arbeitsgruppe um den Kulturwissenschaftler Dietrich Mühlberg an der Humboldt-Universität den Kontakt zu den Köpenicker und Friedrichshagener

---

37 „Lebensregeln für Waldbesucher“, *Mitteilungsblatt des Arbeiter-Wanderbundes ‚Die Naturfreunde‘* August 1909; „Natur- und Heimatschutz“, *Der Wanderfreund* 5.11 (1914), S. 81-85; Grottewitz: „Pflanzliche Produkte der Vorzeit“, *Der Wanderfreund* 5.6 (Oktober 1913), S. 46-47; „Zum Todestage von Curt Grottewitz“, *Der Wanderfreund. Monatsschrift des Arbeiter-Wanderbundes ‚Die Naturfreunde‘* 6 (1914/15), S. 30-31; Grottewitz: „Der Gänsejunge“, ebda., S. 39-40; auf der Rückseite dieser Nummern befindet sich Verlagswerbung für Grottewitz’ Bücher *Unser Wald* und *Sonntage eines Großstädters in der Natur*; „Waldfrevel“, *Der Wanderfreund* 8.3 (1916), S. 23; Max Gottschar: „Naturerkenntnis und Wandern“, *Der Wanderfreund* 12.5 (1920), S. 34-35.

38 Vgl. Heinz Hentschke: „Dr. Curt Grottewitz, Naturfreund und Freund der Arbeiter“. Manuskript 1966 (wie Anm. 16); vgl. ebenfalls den Beitrag von Erich Hobusch in diesem Band.

39 Heinz Hentschke: *Moor und Heide ringsumher. Erinnerungen*, Berlin 1990, S. 194-200; vgl. auch Anm. 16.

Naturfreunden um Heinz Hentschke und Erich Hobusch,[40] die sich dem Grottewitz'schen Erbe eng verbunden fühlten. Derartigen Initiativen ist es zu verdanken, dass bis heute in und um Müggelheim ausgedehnte „Grottewitz-Wanderwege" existieren, wobei einschlägige Informationsblätter stets auf die Bedeutung des Schriftstellers Grottewitz als „Wegbereiter der deutschen Arbeiterbewegung" hinweisen, der zu Beginn des Jahrhunderts die „Naturschönheiten der Berliner Müggellandschaft durchstreift, beschrieben und empfohlen" habe.[41]

Aufgrund der dargestellten Schriften und ihrer Wirkung ist offensichtlich, dass Curt Grottewitz insbesondere bei Berliner Arbeitern als Identifikationsfigur galt, und zwar sowohl von der Jahrhundertwende bis 1933 als auch in der DDR. Gleichwohl ist Grottewitz heute – abgesehen von den Mitgliedern und Förderern der Organisation „Naturfreunde" – ein Vergessener, Namenloser, ja Unbekannter. Dies liegt zum einen an der brutalen Zerschlagung der Arbeiterbewegung durch die Nazis und zum anderen an der Ökologiebewegung, die nach ihrem eindeutig antikapitalistischen Auftreten um 1980 in der alten Bundesrepublik an der historischen Aufarbeitung und Aktualisierung von linksgerichteten und ganzheitlichen Naturkonzepten kaum noch Interesse zeigt. Angesichts der dominanten wissenschaftlich-technologischen Fortschrittsideologie und der zunehmenden Globalisierung der Ökonomie, die auf der rücksichtslosen Ausplünderung von Ressourcen beruht und die weltweite Vermüllung, Vergiftung und Zerstörung von Gewässern, Böden und der Atmosphäre nach sich zieht, stellt sich die Frage, inwieweit Grottewitz' ökologische und soziale Einsichten von vor hundert Jahren noch heute von positiv-vorwärtsgerichteter Bedeutung sein können, ja auf welche Weise sich seine Vorschläge in die Diskussion über die ökologische Nachhaltigkeit – stark vereinfacht verstanden als Erhaltung der Mitwelt – auf regionaler Ebene einbringen ließen.

Mit Nachhaltigkeit ist in diesem Zusammenhang keinesfalls jenes von der neoliberalen Politik und Wirtschaft vereinnahmte Prinzip gemeint, das auf Globalisierung und Technologisierung aufbaut und dabei die noch verbliebene Natur lediglich als möglichst effizient zu verwirt-

---

40 Vgl. hierzu u.a. *Literatur und proletarische Kultur. Beiträge zur Kulturgeschichte der deutschen Arbeiterklasse im 19. Jahrhundert*, hrsg. von Dietrich Mühlberg und Rainer Rosenberg, Berlin 1983.

41 Vgl. Informationsblatt Nr. 8 des Fremdenverkehrsvereins Köpenick: „Berlin-Köpenick. Grottewitz-Wanderwege", o.J.

schaftendes „Kapital" ansieht.[42] Denn aus dieser Perspektive wird Nachhaltigkeit als ein bloß „normatives Prinzip" aufgefasst, das sich – trotz der ökologischen Krise – weder aus dem „ökologischen oder einem anderen naturwissenschaftlichen Wissen" ableitet noch weitergehende Ziele verfolgt, als der privaten Handlungsmoral jedes einzelnen Menschen ein „umweltgerechtes Verhalten" oder einen „umweltgerechten Konsumstil" zuweisen zu wollen. Die Reduzierung der Problematik auf die Fragestellung, „wie Menschen heute und morgen leben wollen und was ein ‚gutes' Leben ist",[43] legt die Vermutung nahe, dass es bei der neoliberalen Diskussion um Nachhaltigkeit gar nicht um die Suche nach realistischen und machbaren Lösungsansätzen für die vom globalen Kapitalismus verursachten weltweiten ökologischen Schäden geht. Vielmehr soll offenbar mit Hilfe von ökologisch klingenden Beschwichtigungsformeln und anderen Verschleierungstaktiken von der Ernsthaftigkeit der Probleme noch weiter abgelenkt werden, um in der Öffentlichkeit folgenden Eindruck zu erwecken: 1. Die nicht länger bestrittene globale ökologische Krise ließe sich bereits durch eine leichte „Kurskorrektur" wieder in den Griff kriegen. 2. Die neoliberalen Frauen und Männer in Politik und Wirtschaft der hoch industrialisierten Länder seien am ehesten in der Lage, „politische Maßnahmen für eine neue Art von Wachstum und wirtschaftlicher Modernisierung" im Rahmen der von ihnen festgelegten „nachhaltigen Entwicklung" aufzustellen.[44] 3. Neoliberale Wirtschaftspolitik werde grundsätzlich von ökologischen und sozialen Perspektiven und Zielsetzungen bestimmt.

Dem lässt sich zum einen entgegen halten, dass die Umweltbehörde der Vereinten Nationen (UNEP) – unter der Leitung des ehemaligen Bundesumweltministers Klaus Töpfer – seit September 1999 immer wieder bestätigt hat, dass schon innerhalb der „nächsten Jahre" eine spürbare „massive Verschlechterung" des ökologischen Gleichgewichts eintreten werde, in deren Folge „Naturkatastrophen an Häufigkeit und Ausmaß" noch weiter zunähmen. Als Hauptursache nennt die Behörde, die sich auf die Forschungsergebnisse von über 800 internationalen Wissenschaftlern und Wissenschaftlerinnen bezieht, neben dem weltweit ungebremsten

---

42 Die bekanntesten Vertreter der sog. Effizienzrevolution sind Ernst Ulrich von Weizsäcker, Amory B. Lovins und L. Hunter Lovins: *Faktor vier. Doppelter Wohlstand – halbierter Naturverbrauch*, München 1995. [10. Aufl. 1997]

43 Ortwin Renn, Anja Knaus und Hans Kastenholz: „Wege in eine nachhaltige Zukunft". *Agenda 21. Vision: Nachhaltige Entwicklung*, hrsg. von Birgit Breuel, Frankfurt/Main 2. Aufl. 1999, S. 20ff., 66.

44 Die Gruppe von Lissabon: *Grenzen des Wettbewerbs. Die Globalisierung der Wirtschaft und die Zukunft der Menschheit*, Darmstadt 1997, S. 41ff.

„Bevölkerungs- und Wirtschaftswachstum“ vor allem das „exzessive Konsumverhalten“ in den hoch industrialisierten Ländern.[45] Die im neoliberalen Umfeld diskutierte Nachhaltigkeit verzichtet also – nicht zuletzt durch die dahinter stehende Entlastungsfunktion – auf jegliche Kritik am herrschenden Wirtschaftssystem.

Zum anderen sind die Vertreterinnen und Vertreter des Neoliberalismus im Allgemeinen an historisch-ökologischen Einsichten kaum interessiert, was sich beispielsweise in ihrer Berufung auf Hans von Carlowitz (1645-1715) zeigt, der in seinem Buch *Sylvicultura oeconomica* (1713) „zum erstenmal den Begriff der Nachhaltigkeit“ verwendet habe.[46] Mit diesem oberflächlichen Verweis werden jedoch Carlowitz' eigentliche Beweggründe unterschlagen, denn dessen Besorgnis bezog sich nicht etwa auf den Raubbau an den Urwäldern, sondern es ging ihm mit dem Eintreten für eine merkantilistische Forstwirtschaft um die Aufrechterhaltung des Bergbaus, der nach einem Kahlschlag der Wälder nicht mehr profitabel gewesen wäre.[47] Carlowitz' Auffassung von Nachhaltigkeit widerspricht überhaupt allen ökologisch-forstwissenschaftlichen Erkenntnissen, wonach eine langfristig angelegte Waldaufforstung mit ausschließlich ökonomischen und fortschrittsorientierten Ansprüchen wie einseitigen „Bedarfsdeckungsforderungen“, ungehemmtem „Gelderwerbsbestreben“ und waldbaulichem „Technizismus“ unvereinbar ist.[48]

Mit der neoliberalen Inanspruchnahme von Nachhaltigkeit verbinden sich also in erster Linie ökonomische Interessen, zumal der Begriff selbst eine „jederzeitige, ganz unproblematische Vereinbarkeit mit den Strukturen dieser Gesellschaft und mit der großtechnischen Entwicklungsdrift“ suggeriert.[49] Ein Abweichen vom gängigen „Ziel des Wirtschaftens“, dem kurzfristigen Profit, etwa in Richtung einer ökologisch und sozial bestimmten Produktionsweise, ist damit keineswegs gemeint. Demgegenüber ließe sich eine zukunftsgemäße Auffassung des Nachhaltigkeitsprinzips nur dann verwirklichen, wenn sie mehr denn je von einer politischen Haltung bestimmt wird, die sich nicht von Stichworten wie

45 „UNO: Globale Erwärmung nicht mehr aufzuhalten“, *Berliner Zeitung* 16. September 1999; Vorwort von Klaus Töpfer, in: *Klima. Das Experiment mit dem Planeten Erde*, hrsg. von Walter Hauser, Stuttgart 2002, S. 7; Interview mit Klaus Töpfer: „Der Klimawandel ist längst Realität“, *Berliner Zeitung* 3. Juni 2004, S. 13.

46 Renn, Knaus und Kastenholz: „Wege in eine nachhaltige Zukunft“ (wie Anm. 43), S. 17.

47 Bartelmess: *Wald* (wie Anm. 4), S. 67f.

48 Josef Nikolaus Köstler: *Wald. Mensch. Kultur*. Hamburg 1967, S. 72.

49 Bernd Guggenberger: „Nachhaltigkeiten. Was leistet dieses Konzept und wohin führt es?“ in: *Perspektiven der Politischen Ökologie*, hrsg. von Armin Adam, Franz Kohout, Peter K. Merk und Hans-Martin Schönherr-Mann, Würzburg 2003, S. 111-118.

„Deregulierung“ und „Privatisierung“ leiten lässt.[50] Dabei ist stets von der Einsicht auszugehen, dass politische, ökonomische und ökologische Veränderungen in der Abkehr und Umkehr von allen gegenwärtig dominierenden, globalen Wirtschaftsstrukturen Grundvoraussetzungen für die konkrete und ernsthafte Inhaltsbestimmung von Nachhaltigkeitskonzepten sind. Um darüber hinaus Nachhaltigkeit als ein leitendes ökologisches, ökonomisches, politisches, soziales, kulturelles und ethisches Prinzip in die Gesellschaft einzubringen, bedarf es der Zurückdrängung des Technikkults, der Verabschiedung des herrschenden „Postismus“,[51] der Verstärkung kommunitaristischer Ökonomie- und Demokratiekonzepte und der Etablierung eines neuen Bescheidenheitsethos im Sinne von „weniger ist mehr“.[52] Ein solch volksherrschaftliches Programm, das wesentlich auf der Wiederbelebung und Stärkung des Regionalen basiert, hätte zwangläufig zur Folge, dass sich auch die Abhängigkeits- und Machtverhältnisse zwischen den Rohstoff verschwendenden Industrieländern und den rohstoffreichen Ländern in Afrika, Asien und Südamerika grundsätzlich verändern.[53]

Solche, dem Gemeinwohl dienenden Gesellschaftskonzepte würden allen Menschen die Teilnahme an Produktions- und Entscheidungsvorgängen ermöglichen, wodurch sich größtmögliche sozial betonte und verantwortungsbewusste Lebensbedingungen schaffen ließen. Der Lebensstandard, der sich an der Haltbarkeit von Gütern ausrichtet, müsste sich demzufolge an dem genossenschaftlich Produzierten wie an den Leistungen Einzelner orientieren, um dadurch ebenfalls die Stärkung der politisch-aktivistischen Persönlichkeit im gesellschaftlichen Zusammenhang zu bewirken. Letztlich würde es bei einer solchen Vorgehensweise auch gelingen, das „größte, universalste Problem der Welt“, die primär auf das unbegrenzte „wirtschaftliche Wachstum“ im 20. Jahrhundert zurückzuführende ökologische Krise, nicht noch weiter zu verschärfen.[54] Dann ließen sich auch wieder historische Vorbilder und vorwärts weisende Per-

50 Erhard Eppler: *Was braucht der Mensch? Vision: Politik im Dienst der Grundbedürfnisse*, Frankfurt/Main 2000, S. 81, 107f.

51 Vgl. hierzu Jost Hermand: *Nach der Postmoderne. Ästhetik heute*, Köln 2004.

52 Vgl. Frances Moore Lappé und Anna Lappé: *Hoffnungsträger. Ein internationaler Reiseführer zu grünen Initiativen*, München 2001, S. 395-437; Seyla Benhabib: *Selbst im Kontext. Kommunikative Ethik im Spannungsfeld von Feminismus, Kommunitarismus und Postmoderne*, Frankfurt/Main 1992.

53 Vgl. u.a. Helga Ebbinghaus und Armin Stickler: *Nachhaltigkeit und Macht. Zur Kritik von Sustainable Development*, Frankfurt/Main 1996; Joachim Radkau: *Natur und Macht. Eine Weltgeschichte der Umwelt*, München 2000.

54 Eric J. Hobsbawm: „Eine gespaltene Welt geht ins 21. Jahrhundert“, *Frankfurter Rundschau* 12. April 1999.

spektiven beerben und weiterentwickeln, wie sie sowohl die Vertreterinnen und Vertreter linksliberaler, radikaldemokratischer und sozialistischer Gesellschaftskonzepte der letzten 250 Jahre als auch sozial engagierte humanistische Aufklärer im späten 18. Jahrhundert wie Jean-Jacques Rousseau und Alexander von Humboldt, ökologische Forstwissenschaftler wie Karl Gayer und Adam Schwappach, ästhetische Antikapitalisten um 1900 wie die Gartenstadt-, Heimatschutz- und Wandervogelbewegung, Autorinnen und Autoren von utopischen, dystopischen und ökokritischen Werken wie Annelies Schwarzer, Jurij Brean, Hans Cibulka, Gudrun Pausewang, Günter Grass oder Heinrich Böll, regional engagierte Politikerinnen und Ökonomen wie Petra Kelly oder Ernst Friedrich Schumacher und Ökosozialisten wie William Morris oder Robert Havemann aufweisen.[55]

V.

Die Beiträge in diesem Band weisen nach, dass zu diesem Erbe auch die Schriften von Curt Grottewitz zu zählen sind, dessen frühökologische Nachhaltigkeitskonzepte durch seine Auffassung von der Natur in „unverfälschter Echtheit“ und in ihren Gesamtzusammenhängen zum Ausdruck kommt.[56] Die größte Aufmerksamkeit widmete er zweifellos den ausgedehnten Wäldern, wie sie um 1900 in Deutschland noch vorhanden waren. Dabei vertrat er die Überzeugung, dass die Vielfalt von Fauna und Flora einen eigenständigen Wert darstellte, die darüber hinaus die historische Kulturentwicklung in diesem Land wesentlich mitgeprägt habe. Aufgrund seiner naturwissenschaftlichen Kenntnisse und seines sozialpolitischen Bewusstseins war es ihm ebenso wichtig, den unteren Bevölkerungsschichten, mit denen er sich solidarisch verbunden fühlte, den Wald als einen für sie bedeutsamen Ort der politischen Bildung und Erholung näher zu bringen. Aus diesen Gründen wandte er sich strikt gegen den Privatbesitz, da seiner Meinung nach ein verantwortungsvoller Umgang mit den Wäldern nur dann gewährleistet werden könne, wenn diese als volksherrschaftliches und zugleich öffentlich zugängliches Gemeingut erhalten blieben. Gleichzeitig setzte er sich aus praktischer Erfahrung

55 Vgl. hierzu u.a. *Ökologie und Literatur*, hrsg. von Peter Morris-Keitel und Michael Niedermeier, Frankfurt/Main 2000; *Literatur und Ökologie*, hrsg. von Axel Goodbody, Amsterdam 1998; *Green Thought in German Culture. Historical and Contemporary Perspectives*, hrsg. von Colin Riordan, Cardiff 1997; Marius de Geus: *Ecological Utopias. Envisioning the Sustainable Society*, Utrecht 1999.

56 Grottewitz: *Sonntage* (wie Anm.26), S. 47.

heraus für die Stärkung der regionalen Landwirtschaft ein, indem er dem Anbau lokaler Obst- und Gemüsesorten absoluten Vorrang einräumte.

Dass Grottewitz die Schwierigkeit zur Durchsetzung solcher Forderungen – wie sie zu Beginn des 20. Jahrhunderts in ähnlicher Form von zahlreichen proletarischen und bürgerlichen Organisationen und Bewegungen aufgestellt wurden – durchaus erkannte, lässt sich anhand seiner Kritik an der Ausbeutung und Vernichtung der Natur durch die massive Industrialisierung und den zunehmenden Welthandel immer wieder nachlesen. Grottewitz war daher weder ein naiver Romantiker noch ein rückwärtsgewandter „Fortschrittsfeind", sondern trat im Sinne ökologischer Nachhaltigkeitsstrategien für den geregelten Stoffwechsel zwischen Mensch und Natur ein. Der Vorbildcharakter seiner Schriften für die Arbeiterwanderbewegung Berlins und für bürgerliche Protestgruppen gegen das Abholzen der Wälder in den Jahren vor 1933 sowie für einen Teil der Naturschutzbestrebungen in der DDR und nach der Wende belegt, dass seine vor einhundert Jahren gewonnenen Einsichten an Aktualität nichts verloren haben. So verstanden sind seine Forderungen heutzutage ein fester Bestandteil jener nachhaltigen Regionalentwicklung und „Ökologie von unten",[57] deren praktische Umsetzung im Rahmen der lokalen Agenda 21 in mehreren bundesdeutschen Städten und Regionen, wie beispielsweise in Köpenick, seit den neunziger Jahren auf aktive Weise betrieben wird.[58]

57 Vgl. u.a.. Ulrike Kronfeld-Goharani: „Ökologie von unten. Von der globalen auf die regionale Ebene", in: *Kampf um die Natur. Umweltzerstörung und die Lösung ökologischer Konflikte*, hrsg. von Jürgen Scheffran und Wolfgang R. Vogt, Darmstadt 1998, S. 228-245; Angelika Schmidt: „Nachhaltige Regionalentwicklung – eine Alternative für Ostdeutschland?" in: *Alles wird besser, nichts wird gut? Wege zur ökologischen Wende*, hrsg. von Michael Ziesche, Berlin 1995, S. 249-258; ebenso die verschiedenen Informationsblätter *Lokale Agenda Köpenick, Berliner Briefe* usw.

58 Eine erste Fassung dieses Aufsatzes erschien unter dem Titel „‚Was doch die Natur für ein alter Revolutionär ist ...': Zu Curt Grottewitz (1866-1905)" in *Grüner Weg 31a* 10 (2000), S. 3-20. Er wurde für diesen Band gründlich überarbeitet.

1906: Freibaden streng untersagt. Der Polizist verhängt Strafen.

Wanderfahrt der Ortsgruppe Köpenick des Touristenvereins „Die Naturfreunde" zu den Grottewitz-Hütten an der Großen Krampe, 1930.

Gruppe des Arbeiter-Wanderbundes „Naturfreunde" Berlin-Lichtenberg bei der Landagitation, um 1926.

Naturfreunde der Gruppe Charlottenburg des A.W.B. während einer Rast, 1920.

A.W.B. „Naturfreunde" Gruppe Berlin-Lichtenberg. Rast während einer Wanderfahrt, 1923.

Einband der 1. Auflage von „Unser Wald“, Berlin: Vorwärts, 1907.

Arnold Hankel

Nachhaltigkeit statt Raubbau: Curt Grottewitz' Buch *Unser Wald* (1907)

Ausgedehnte Wälder bestimmten bis ins 18. Jahrhundert hinein den landschaftlichen Charakter Mitteleuropas. Dies änderte sich, als die deutschen Fürsten im Zuge ihres steigenden Lebensstils immer mehr auch die Wälder einer intensiven, merkantilistischen und gewinnbringenden Nutzung unterwarfen. Schon 1764 ordnete Friedrich II. die großflächige Anlage von schnell wachsenden Nadelgehölzen an, um mit Hilfe solcher Monokulturen den zunehmenden Holzbedarf zu decken. Unterstützt wurden diese Ziele von zumeist kameralistisch geschulten Forstleuten, die sich in ihren Büchern wie *Sylvicultura oeconomica* (1713) von Hans von Carlowitz oder *Grundsätze der Forstökonomie* (1757) von Wilhelm Gottfried von Moser für die rationelle Forstwirtschaft und damit den profitablen Waldbau aussprachen. Auch das aufsteigende Bürgertum im 19. Jahrhundert sah im Besitz von Wäldern und der Holzverarbeitung lediglich die Möglichkeit zur kurzfristigen Vermehrung seines Vermögens. Daher kam es gegen Ende des Jahrhunderts aufgrund der massiven Industrialisierung und dem sprunghaft gestiegenen Bedürfnis nach Holz und Holzprodukten zur weitreichenden Verwüstung der Wälder und damit zur massiven Verschandelung der Landschaft.[1] Eine weitere Konsequenz dieses Raubbaus war die Zunahme von Insektenkalamitäten, wie beispielsweise durch Kiefernspinner in Brandenburg (1862-1872), Kiefernspanner in der Letzinger Heide (1899-1903) oder Nonnen in Schlesien (1904-1908). Um die Auswirkungen der fiskalischen Waldkahlschlagpraxis bloßzustellen und zu bekämpfen, wurde auf dem zweiten Waldschutztag 1909 in Berlin der Anspruch auf eine naturgemäßnachhaltige Waldwirtschaft erhoben. Gleichzeitig forderte der „Berliner Waldschutzverein" Bürgerinnen und Bürger zur aktiven Unterstützung solcher Ziele auf mit Slogans wie: „Mitbürger, helft uns unsere Wälder zu erhalten. Schließt euch uns an, zur Erhaltung der Wälder um Berlin!"[2]

Erstmals traten in der zweiten Hälfte des 19. Jahrhunderts auch Forstwissenschaftler auf, die den zerstörerischen Umgang mit den Wäl-

1 Vgl. hierzu Jost Hermand: „„Erst die Bäume, dann wir!' Proteste gegen das Abholzen der deutschen Wälder 1780-1950", *Mit den Bäumen sterben die Menschen. Zur Kulturgeschichte der Ökologie*, hrsg. von Jost Hermand, Köln 1993, S. 1-24.

2 Derartige Aufrufe an die Bevölkerung ergingen vor dem Ersten Weltkrieg öfter. Sie waren meist in Tageszeitungen abgedruckt.

dern aufs Schärfste verurteilten und statt dessen für nachhaltige und ökologische Prinzipien eintraten. So kritisierte Karl Gayer in seinen einflussreichen Büchern *Der gemischte Wald* (1866) und *Waldbau* (1878) die besonders bei Privatwaldbesitzern vorherrschende, allein auf Produktivität und Rentabilität der Wälder angelegte Forstwirtschaft, die nach dem Kahlschlag ganzer Wälder zu einer auf Fichten und Kiefern basierenden Monokultur geführt habe. Die Wiederaufforstung ehemaliger Waldgebiete sei nur dann wirklich sinnvoll, schrieb Gayer mit ökologischer Einsicht, wenn sie der „Mannigfaltigkeit des Waldes" gerecht werde.[3] Sehr ähnlich argumentierte auch Adam Schwappach in seinen zahlreichen und viel gelesenen Büchern wie *Grundriß der Jagd- und Forstgeschichte Deutschlands* (1892) oder *Forstwissenschaft* (1899), in denen er sich über Fachleute hinaus auch gezielt an breitere interessierte Leserschichten zu wenden versuchte. Auch er führte die Privatisierungstendenzen auf Adam Smiths Freihandelstheorie zurück, in deren Folge Wälder „meist ohne Rücksicht auf die Zukunft, im Zuge schonungsloser Raubwirtschaft ausgenützt" worden seien, was „ganz wesentlich zur Verwüstung der Waldungen" beigetragen habe. Unter direktem Bezug auf die Schriften Karl Gayers forderte auch Schwappach die Wiedereinführung von staatlichen Wäldern und deren Aufforstung nach dem Prinzip der gemischten Wälder, denn dies – schrieb er – seien die vorwärts weisenden „Losungsworte der neueren Richtung des Waldbaus."[4]

Wie gründlich Curt Grottewitz über die Situation der Wälder und derartige forstwissenschaftliche Einsichten informiert war, lässt sich in seinem Buch *Unser Wald* (1907) nachlesen. Mit einer Mischung aus naturwissenschaftlicher Kenntnis und ästhetisch-schriftstellerischer Gestaltungsgabe erklärt Grottewitz den Wert des Waldes und einzelner Baumarten an sich, wobei es ihm durch die bewusst gewählte unterhaltsame und zugleich lehrreiche Weise immer auch darum geht, Mischwälder als eine kulturelle Bereicherung für die Gesellschaft darzustellen. Eingriffe des Menschen in die Natur, wie die durch den bürgerlichen Tourismus ausgelöste „Verschönerung" der Wälder – er nennt unter anderem Wegweiser und Hotelschilder –, großflächige Abholzungen oder gar die allein auf Profit ausgerichtete „Kahlhiebwirtschaft", verurteilt er dementsprechend als einen „Angriff auf ein ideelles Gut".[5]

---

3 Alfred Bartelmess: *Wald. Umwelt des Menschen*. Freiburg 1972, S. 197ff.; Josef Nikolaus Köstler: *Wald. Mensch. Kultur*. Hamburg 1967, S. 315.

4 Adam Schwappach: *Grundriß der Jagd- und Forstgeschichte Deutschlands*. Berlin, 2. Aufl. 1892, S. 112, 125, sowie *Forstwissenschaft*. Leipzig, 3. Aufl. 1918, S. 8 [1899].

5 Curt Grottewitz: *Unser Wald. Ein Volksbuch*, Berlin 1907, S. 5ff.

Nicht weniger deutlich prangert Grottewitz den ausbeuterischen Umgang mit Privatwäldern an. Dabei werden die nachteiligen Folgen der Streunutzung durch den Menschen für die weitere Zerstörung der ohnehin schon ausgelaugten Waldböden besonders herausgestellt, da das Entfernen der Streu die „ländlichen Kiefernwälder in einen Zustand trostlosen Kümmerns gebracht“ habe.[6] Obwohl die Streunutzung schon lange zurückliegt, lassen sich Bestände teilweise auch heutzutage noch durch einen geringeren Zuwachs und die im Bodenprofil erkennbare Nährstoffarmut nachweisen. Ebenso gewissenhaft notiert er Pilzkrankheiten, Insektenfraß, Frost- und Trockenereignisse. Zur Überwindung dieser höchst zerstörerischen Auswirkungen empfiehlt Grottewitz die Abkehr von dem ausschließlich ökonomisch bestimmten Umgang mit den Wäldern und fordert – ähnlich wie Karl Gayer und Adam Schwappach – die vorwärts weisende Besinnung auf die ältere, auf ökologischen Nachhaltigkeitsprinzipien beruhende Plenterwirtschaft: „Es stellen sich aber auch schon jetzt Zeichen ein, die gegen die Alleinherrschaft der heutigen Wirtschaftsweise sprechen und die auch schon viele Fachleute zu Freunden der alten Plenterwirtschaft gemacht haben.“[7]

Der Grundgedanke nachhaltigen Wirtschaftens im Waldbau war und ist es, die Holzproduktion nach Fläche und Masse dauerhaft und gleichmäßig zu sichern. In der Tat ist es wohl die Einsicht in den Verlust, und zwar nicht nur des gewohnten oder gewünschten Waldbildes, sondern auch der bereits um 1900 seltener gewordenen Baum- und Straucharten – Grottewitz erwähnt neben anderen die mit der Eberesche verwandte Elsbeere und den Speierling –, wie sie insbesondere durch das Abholzen von Hochwäldern bewirkt worden waren. Letztlich nimmt Grottewitz mit dieser Aussage also bereits das vorweg, was gegenwärtig als Förderung von Biodiversität bekannt ist und auf die Erhaltung der Vielfalt von Pflanzen- und Tierarten abzielt.

Waldgebiete stellen für Grottewitz weit mehr dar als bloße Holzlieferanten, was in jedem der Kapitel zum Ausdruck kommt. Dabei schweben ihm eindeutig größere, zusammenhängende Waldgebiete vor, in denen biologisch-natürliche Abläufe vorherrschen und sich „Bäume aller Altersstufen“ befinden, „womöglich auch aller Art durcheinander auf demselben Bezirk. Die schlagfähigen Bäume wurden gerodet, und an ihrer Stelle erhob sich ein junger Nachwuchs, der aus den umher liegenden Samen ohne Zutun des Menschen hervorging. Die Natur waltete noch

6 Ebda., S. 25.
7 Ebda., S. 10.

frei, und der Mensch kam zuweilen und erntete, ohne aber fühlbare Lücken zu reißen."[8] Demnach besteht ein natur belassener Mischwald aus den verschiedensten Baumarten, zu denen er auch solche zählt, die für den Menschen keinen ökonomischen Nutzen erwarten lassen. Daher entwirft der Autor immer wieder das Bild des klassischen Plenterwaldes mit seinen natürlichen Kreisläufen, dessen forstliche Nutzung durch regionale Kleinbetriebe er keineswegs ausschließt. Unter solchen Bedingungen, schreibt Grottewitz, „würde der Wald wieder das alte natürliche Aussehen und den Reiz der Ursprünglichkeit erhalten, eine Freude für alle Naturfreunde, für alle, die im Walde nicht nur eine Fabrik für Holzerzeugung, sondern ein nationales Gut erblicken, das zur Freude und Gesundheit aller erhalten werden muss."[9]

In den Ausführungen zu den einzelnen Baum- und Straucharten kommt Grottewitz' schriftstellerisches Können besonders zum Ausdruck, da er es versteht, biologische Sachverhalte auch für weniger naturwissenschaftlich gebildete Leserinnen und Leser anschaulich darzustellen. Seine genauen Kenntnisse und detaillierte Beobachtungsgabe ermöglichen ihm umfassende und zugleich spannend geschriebene Erklärungen der verschiedenen Arten. Durch das Anknüpfen an die Erfahrungswelt der Leserschaft will Grottewitz grundsätzliches Interesse wecken, um danach eine Fülle weiterer wissenswerter Informationen zu vermitteln. Es werden daher keine bloßen Fakten aneinandergereiht, sondern biologisches Wissen wird auf sinnvolle und verständliche Weise miteinander verknüpft und in Zusammenhängen präsentiert. Das gilt zunächst für die Darstellung ökologischer Zusammenhänge, die Erörterung von Standortfragen und den Einfluss von Licht und Schatten auf Wachstum und Habitus von Bäumen und Sträuchern, also das, was sich heutzutage als die Gesamtheit biotischer und abiotischer Faktoren bezeichnen lässt. Aber auch die Beschreibung zur Verwendung verschiedener Holzarten weist ähnliche Qualitäten auf, wodurch in einem kulturellen Sinn nachvollziehbar wird, welche Hölzer aufgrund ihrer Eigenschaften für bestimmte Verwendungszwecke eingesetzt werden.

Da es Grottewitz über solche Bildungsabsichten hinaus auch darum geht, seiner Leserschaft, insbesondere der von ihm ins Auge gefassten Schicht der Arbeiter und Bauern, den Wald als einen Ort der Ruhe, der Erholsamkeit und auch naturverbundener Einsichten näher zu bringen, mangelt es in diesem Buch keineswegs an stimmungsvollen Bildern, an

---

8 Ebda., S. 9.
9 Ebda., S. 10.

Beschreibungen des Jahreszeitenwechsels oder an Schilderungen des jahreszeitlich bedingten Spezifischen im Leben von Bäumen und Sträuchern. Die nuancierten Beschreibungen etwa der Farben des Laubes einzelner Baumarten sollen Leserinnen und Leser anregen, dem nachzuspüren und dadurch den Wald als einen eigenen Wert zu erkennen:

> „Der Wald trägt zu wenig alte Bäume, um ernst und majestätisch zu wirken, das reiche Buschwerk, die schlanken, nicht allzu mächtigen Stämme atmen Lebenslust, Freude und Milde. [...] Hier muss man im Frühling sein, wenn der Mai das sehnende Lichtgrün des zierlichen Birkenlaubes hervorgezaubert hat. [..] Wenn die duftigen Farben des Mai den härteren sommerlichen Farben Platz gemacht haben, dann bekommen die Blätter der Ulme ein mattes Grün, das weder das Freundliche der Birken und Buchen, noch das Düstere der Eichen und Erlen besitzt."[10]

Zweifellos haben rund ein Jahrhundert später Grottewitz' auf ökologisch-nachhaltigen Vorstellungen und Einsichten basierenden Beschreibungen nichts von ihrer Vorbildlichkeit verloren. Die Frage ist jedoch, ob derartige Erkenntnisse – unter direkter oder indirekter Bezugnahme auf Grottewitz sei dahingestellt – in irgendeiner Form in die Praxis umgesetzt wurden. Beispielsweise wurde in Ost-Berlin zu Beginn der siebziger Jahre das Erholungs-Waldprojekt erstellt, um eine landeskulturelle Erschließung und Bewirtschaftung des Waldes im Forstwirtschaftsbetrieb zu gewährleisten. In diesem Rahmen sollte die naturnahe Waldbewirtschaftung nach dem „Grundsatz der Nachhaltigkeit zur Sicherung der ökologischen und ökonomischen Bedingungen der natürlichen Reproduktion und Leistungsfähigkeit der Wälder" erfolgen. Bereits 1972 wurde das Lehrkabinett Teufelssee in den Müggelbergen geschaffen. Seitdem sind sechs weitere Waldschulen hinzugekommen, die als umweltpädagogische Einrichtungen genutzt werden.

Auch die derzeitigen „Waldbaurichtlinien für die Berliner Forsten" von 1991 schreiben die Betreibung des Waldbaus solchermaßen vor, dass das Ökosystem Wald durch die Bewirtschaftung keinen Schaden nimmt, sondern nachhaltig gefördert und auf Dauer stabil erhalten wird. Mit der Einführung der Natur gemäßeren Waldwirtschaft findet wieder eine selektive, einzelstammweise Holzernte statt, nicht unähnlich jenen Forderungen, wie sie Curt Grottewitz, Karl Gayer oder Adam Schwappach aufgrund der ökonomischen Entwicklung im 19. Jahrhundert schon vor über 100 Jahren erhoben. Hierbei wird die Bestockung mit standort- und florengerechten Baum- und Straucharten ebenso angestrebt wie die För-

10 Ebda., S. 14, 23, 87.

derung der Naturverjüngung. Darüber hinaus werden einheimische Tier- und Pflanzenarten und waldbegleitende Biotope gesichert oder auch neu geschaffen. Grottewitz hat als geübter Naturbeobachter mit viel Gespür und Verständnis für die ökonomischen und ökologischen Zusammenhänge wertvolle Auffassungen vertreten, die sich auch heutzutage noch als zukunftsweisend herausstellen. Aus einer völlig anderen Perspektive als vielen akademisch gebildeten Forstleuten gelang es ihm, Vor- und Nachteile der forstlichen Bewirtschaftung des Waldes über die ökonomischen Zwänge hinaus abzuwägen und für ein breites Publikum verständlich und nachvollziehbar darstellen. Sein Buch *Unser Wald* ist daher für alle, die in heutiger Zeit Wissen und nachhaltige Prinzipien über den Umgang mit Wäldern erwerben oder vermitteln wollen, noch immer eine höchst lohnende und anregende Lektüre. Schließlich hat angesichts der weltweiten, zumeist ökonomisch bedingten Naturvernichtungen im 20. Jahrhundert auch Grottewitz' Mahnung und Warnung nichts von ihrer Aktualität eingebüßt:

> „Der Wald ist nicht bloß ein Geschäft, aus dem schnell alles herausgewirtschaftet werden soll, was herauszuwirtschaften ist, um dann wieder aufgegeben zu werden. Ein Volk hat die Verpflichtung, solch einen ungeheuren Naturschatz, wie es der Wald ist, unversehrt für die Zukunft zu erhalten."[11]

11 Ebda., S. 10.

CURT GROTTEWITZ

Unser Wald

Ein Volksbuch

Herausgegeben von

Wilhelm Bölsche

1 9 2 4

J. H. W. Dietz Nachfolger, Berlin

Titelseite der Ausgabe im Verlag J.H.W. Dietz Nachfolger, Berlin, 6. bis 10. Tausend, gedruckt in der Vorwärts Buchdruckerei Berlin, Initialen und Einbandentwurf von Tobias Schwab.

Walter Leistikow: Märkische Waldlandschaft

Feldweg in der Mark mit Weiden

Charakterbild der Espe

Tanne und Fichte mit charakteristischer Gipfelbildung

Lärchen in Süddeutschland

Birkenweg in der Mark

Waldschule/Lehrkabinett Teufelssee in den Müggelbergen, 2002.

Unser Wald

Von Curt Grottewitz, herausgegeben von Wilhelm Bölsche

Mit zahlreichen Abbildungen

In dauerhaftem Leinenband gebunden Mark 3,—

Wird auch durch die Post gegen vorherige Einsendung von Mk. 3,20 zugesandt

Frankfurter Zeitung. Ich kann das Buch nicht anders als ein Meisterwerk bezeichnen, als ein Vorbild für alle, die populär-wissenschaftlich schreiben wollen. Und worauf beruht dies? Wir merken bald, daß der Verfasser eine gründliche Fachkenntnis besaß, so daß jeder Botaniker noch aus dem Buch lernen kann, wir freuen uns an der gemütvollen Darstellung und dem prägnanten Ausdruck und wir empfinden, daß wir es mit einem guten Menschen zu tun haben. Auch der Druck und die sonstige Ausstattung des Buches ist dem Inhalt gemäß, also vortrefflich.

Soziale Praxis. Grottewitz schreibt als Fachbotaniker und Landwirt, der vieles über die praktischen Seiten der Waldkultur, sowie der Verwendung der verschiedenen Holzarten zu sagen weiß, aber vor allem ist er Dichter, der in oft wunderbar poetischer Prosa die Schönheit des Waldes zu schildern weiß und die Bäume förmlich wie lebende Wesen, mit eigenen charakteristischen Seelen darstellt. Ein Buch wie dies ist eine Wohltat für den Großstadtmenschen, weil es die Sehnsucht und die Liebe zur Natur weckt und den deutschen Wald als kostbares nationales Gut schätzen und auch — schützen lehrt.

Sonntage eines Großstädters in der Natur

Von **Curt Grottewitz**, mit einem Vorwort von **Wilhelm Bölsche**

Mit Buchschmuck und dem Porträt des Verfassers :: Gebunden Mk. 1,—

Wird auch durch die Post gegen vorherige Einsendung von Mk. 1,10 zugesandt

Leipziger Zeitung. Man merkt den schlichten Schilderungen das gründliche Wissen und die Kunst der Darstellung, die in ihnen steckt, beim Lesen garnicht an, so unauffällig führt uns Grottewitz hier mitten in das Leben der märkischen Fauna und Flora hinein und zeigt uns ihre Geheimnisse, Schönheiten und Wunder, an denen die meisten wie mit geschlossenen Augen vorbeigehen. Wir können deshalb das schmale, aber inhaltreiche Büchlein allen Naturfreunden warm empfehlen.

Die beiden Werke sind zu beziehen durch:

Paul Focke, Berlin N. 4, Gartenstr. 13

Hof parterre

— Die Bücher werden auch durch Post-Nachnahme zugesandt —

Gleichfalls sind die Werke zu haben bei Hermann Heyse, Berlin N., Boyenstr. 19

Alleinige Inseraten-Annahme: Paul Focke, Berlin N. 4, Gartenstr. 13.

Der Wanderfreund, Monatsschrift des Deutschen Arbeiter-Wanderbundes „Die Naturfreunde Berlin – Rückseite mehrerer Ausgaben ab 1911.

Naturfreunde während einer Rast am Waldrand im Jahre 1920.

Fichte-Wassersprortler auf dem Zeltplatz am Seddinsee im Jagen 44, 1929.

Berlin, am Müggelsee 1 9 0 9:

Lebensregeln für Waldbesucher[12]

1. Laßt den Gewächsen des Waldes ihre Zweige, Blätter und Blüten; sie sind der Schmuck des Waldes, sollen noch viele erfreuen und neues Leben bilden. Abgerissen welken sie rasch, dienen niemand mehr zur Freude, werden meist bald weggeworfen; das beschädigte Gewächs aber verkümmert.

2. Betritt keine jungen Anpflanzungen, locken dich auch die schönsten Beeren und Blumen, denn du siehst die jungen Pflanzen nicht, die zu Bäumchen heranwachsen sollen. Die Zerstörungen, die dein Fuß dort anrichtet, ist noch nach Jahren kenntlich.

3. Laß Zeitungen, Frühstückspapier und sonstige Abfälle nicht auf Wegen und Ruheplätzen herumliegen, balle sie zusammen und werfe sie in Dickungen oder vergrabe sie in Moos und Laub. Zerschlage auch keine ausgetrunkenen Flaschen, sondern nehme sie wieder mit nach Hause. Denn, was ist hässlicher, als wenn einzelne Stellen im Walde aussehen wie Sammelplätze der Abfälle.

4. Gehe mit Feuer und Zigarren recht vorsichtig um. Bei trockenem Wetter kann jede brennend weggeworfene Zigarre oder jedes glimmende Streichholz einen Waldbrand verursachen.

5. Störe die Tiere des Waldes nicht; alle fürchten den Menschen als ihren größten Feind. Die Berührung durch Menschenhand kann die Mutter veranlassen, ihr Junges oder ihre Eier zu verlassen und so dem Verderben weihen.

12 Mitteilungs-Blatt des Arbeiterwanderbundes „Die Naturfreunde“ Nr. 3, Berlin, August 1909; Erich Hobusch: Der Förstermord am Müggelsee. Zur Geschichte der Revierförsterei Müggelsee. In: Friedrichshagener Hefte Nr. 37, Berlin 2001, S. 3.

Naturdenkmal: Alte Stieleiche in den Müggelbergen, 1986.

Peter Morris-Keitel

Anthropozentrischer Naturschutz oder ökologische Nachhaltigkeit? Zur Dialektik der „Ursprünglichkeit der Natur"

> „Man kann nicht sagen, dass die Sympathie für den Wald im deutschen Volke geringer geworden wäre. Als die Pläne der Forstverwaltung, in der Nähe Berlins größere Abholzungen vorzunehmen, bekannt wurden, regte sich allgemeiner Unwille. Die Einsicht mag wohl populär geworden sein, dass der Wald ein Beschützer der Menschenkraft, eine Erholungsstätte für die vielen geworden ist, die in der Stadt an Körper und Geist siech geworden sind."[1]

Diese ersten Sätze aus Grottewitz' 1907 erschienenen „Volksbuch" *Unser Wald* ermöglichen es Leserinnen und Lesern – vor 100 Jahren und heutzutage – sich in sein dialektisches Denken hineinzuversetzen. Zum einen stellten Wälder, wie überhaupt die ganzheitliche Natur, für ihn einen Eigenwert dar, den es durch ökologisch-nachhaltigen Umgang zu erhalten galt. Zum anderen erkannte der Autor durchaus den gesellschaftspolitischen und sozialen Stellenwert des Walds, der als Erholungsort für Arbeiterinnen und Arbeiter aus der großstädtischen Industrie wie der Landwirtschaft von höchster Bedeutung war und auch in die entstehende Kultur dieser Schichten einzubeziehen war. Darüber hinaus warnte er vor dem drohenden Verlust der „Waldursprünglichkeit" als Ergebnis von Verstädterung, Industrialisierung, bürgerlichem Tourismus und Privatisierung der Wälder. Der Wald, schrieb er, sei „ein unveräußerliches Eigentum der Nation, das allen zu Nutzen ist und darum nicht geschmälert werden darf."[2] Grottewitz war sich darüber im Klaren, dass Wälder in ihrer Gesamtheit nur auf der Grundlage einer volksherrschaftlichen Solidaritätsbewegung weiter bestehen konnten, die sich über jegliches bloß menschenzentriertes Nützlichkeitsdenken hinwegzusetzen hatte.

Aus heutiger Sicht mögen sich viele fragen, wie verbreitet Grottewitz' Vorstellungen waren, denn schließlich existierten um und nach 1900 eine ganze Reihe von regionalen, oftmals naturwissenschaftlich, landeskundlich, ästhetisch oder bildungsbürgerlich ausgerichteten Organisationen, Bewegungen und Vereinen, die sich gegen den Kahlschlag der Wälder, die Monokulturen und das Ausrotten ganzer Tierarten im Deutschen Reich und in vielen anderen europäischen Ländern zur Wehr setz

1 Curt Grottewitz: *Unser Wald. Ein Volksbuch*, Berlin 1924, S. 7 [1907].
2 Ebda.

ten.[3] Eine Antwort auf diese Frage lässt sich am ehesten finden, wenn man einen Blick auf die Geschichte des frühökologischen Bewusstseins wirft. Bei den Grottewitz politisch nahe stehenden Sozialdemokraten hatten sich bis dahin nur Emil Adolf Rossmässler und August Bebel in ihren Werken mit solchen Themen auseinander gesetzt, ähnlich wie auch die Forstwissenschaftler Adam Schwappach und Karl Gayer. Von den ins Biozentrische zielenden Utopien, die in der internationalen Literatur gegen Ende des 19. Jahrhunderts häufig anzutreffen waren,[4] kannte Grottewitz sicherlich allenfalls William Morris ökosozialistisches Werk *News from Nowhere*, das 1892 als Fortsetzungsroman unter dem Titel *Kunde von Nirgendwo* in der *Neuen Zeit* abgedruckt war.[5] Erschwerend kam hinzu, dass er nach seinem Weggang aus Berlin im Jahre 1893 und dem Bruch mit den Friedrichshagener „Edel-Sozialisten“ – trotz der fortbestehenden Freundschaft mit Wilhelm Bölsche – kaum auf deren politische Unterstützung setzen konnte. Angesichts des Wirtschaftsbooms nach 1895, der damit verbundenen Ausplünderung der Natur und des Bevölkerungswachstums vollzog Grottewitz hinsichtlich seiner schriftstellerischen Zielsetzungen und seiner Weltanschauung grundlegende Veränderungen, mit denen er zu einer politischen Konkretisierung der ihm vorschwebenden frühökologischen Konzepte vorstoßen wollte. Im Zuge dieses Wandels hat Grottewitz kulturpolitische Vorstellungen, wie sie die 1900 von Bölsche, Bernhard Kampffmeyer, Julius Hart, Heinrich Hart und anderen gegründete „Neue Gemeinschaft“ befürwortete, sicher bes-

---

3 Vgl. hierzu u.a. William Rollins: „Bund Heimatschutz. Zur Integration von Ästhetik und Politik“, in: *Mit den Bäumen sterben die Menschen. Zur Kulturgeschichte der Ökologie*, hrsg. von Jost Hermand, Köln 1993, S. 149-181; Peter Morris-Keitel: *Literatur der deutschen Jugendbewegung. Bürgerliche Ökologiekonzepte zwischen 1900 und 1918*, Frankfurt/Main 1994; Andreas Knaut: *Zurück zur Natur! Die Wurzeln der Ökologiebewegung*, Greven 1993, S. 349-357; Thomas Rohkrämer: *Eine andere Moderne? Zivilisationskritik, Natur und Technik in Deutschland, 1880-1933*, Paderborn 1999, S. 127-140; Rolf Peter Sieferle: *Fortschrittsfeinde? Opposition gegen Technik und Industrie von der Romantik bis zur Gegenwart*, München1984, S. 155-173; Ulrich Linse: *Ökopax und Anarchie. Eine Geschichte der ökologischen Bewegungen in Deutschland*, München 1986; Franz Walter, Viola Denecke und Cornelia Regin: *Sozialistische Gesundheits- und Lebensreformverbände*, Bonn 1991.

4 Vgl. Jost Hermand: „Ganze Tage unter Bäumen. Ökologisches Bewusstsein in den Utopien des ausgehenden 19. Jahrhunderts“, in: ders.: *Im Wettlauf mit der Zeit. Anstöße zu einer ökologiebewussten Ästhetik*, Berlin 1991, S. 93-121.

5 Vgl. Manfred Pfister: „William Morris, oder: Die Einheit von Kunst, Sozialismus und Ökologie“, in: *William Morris. Rot und Grün. Reden zur Revolution von Kunst und Gesellschaft*, hrsg. von Manfred Pfister, Passau 1988, S. 7-19.

tenfalls als naturmystisch-idealistisch, monistisch-religiös oder egoistisch-überspannt belächelt.[6]

Was Grottewitz hingegen auch in Müggelheim gewiss nicht verborgen blieb, war das Auftreten der Heimatschutzbewegung, deren Konzepte trotz ihrer scharfen Kapitalismuskritik und trotz mancher ökologischer Einsichten in die Ausbeutung und Vernichtung der Natur immer mehr ins Völkische und Chauvinistische drängten.[7] Wie gründlich er diese Perspektive ablehnte, lässt sich daran ablesen, dass weder in seinen Hauptwerken *Die Naturgeschichte im 19. Jahrhundert* (1902), *Sonntage eines großstädtischen Arbeiter in der Natur* (1906) und *Unser Wald* (1907) noch in seinen sonstigen Publikationen irgendwelche Hinweise auf weit verbreitete „konservative" Werke wie Wilhelm Heinrich Riehls vierbändiger *Naturgeschichte des deutschen Volkes als Grundlage einer deutschen Sozialpolitik* (1851-1869), Julius Langbehns *Rembrandt als Erzieher* (1890) oder Ernst Rudorffs „Heimatschutz" (1897) nachzuweisen sind.

Grottewitz wandte sich also entschieden gegen alle ins Nationalistische tendierenden Naturverklärungen, wollte sich ebenso wenig auf bildungsbürgerliche Kulturvorstellungen vom „deutschen Wald" einlassen[8] und fand auch kaum sozialistische Ökologiekonzepte vor. Daher blieb ihm – mit Blick auf die von ihm anvisierte Leserschaft der unteren Bevölkerungsschichten – nur die Möglichkeit, nach dem Vorbild von ohnehin viel gelesenen Büchern wie August Bebels *Die Frau und der Sozialismus* (1879), Karl Gayers *Waldbau* (1878) oder Adam Schwappachs *Forstwissenschaft* (1899) eine für diese Schichten verständliche Erzählform zu entwickeln, die im politisch-aufklärerischen Sinn populistisch gehalten war und darüber hinaus biozentrische Einsichten in die Natur vermitteln sollte. Dass ihm diese keineswegs leichte Aufgabe durchaus gelungen ist, beweist der Erfolg seiner Werke *Sonntage eines großstädtischen Arbeiter in der Natur* und *Unser Wald*.[9] Ausgehend von solchen

---

6 Vgl. Janos Frecot, Johann Friedrich Geist und Diethart Kerbs: *Fidus 1868-1948. Zur ästhetischen Praxis bürgerlicher Fluchtbewegungen*, Hamburg 1997, S. 98f. [1972].

7 Vgl. Jost Hermand: „Nationalistische Phrase oder Ausdruck ökologischen Bewusstseins? Das ‚Heimatschutz'-Konzept um 1900", (wie Anm. 4), S. 123-136.

8 Vgl. dazu allgemein *Waldungen. Die Deutschen und ihr Wald*, hrsg. von Bernd Weyergraf, Berlin 1987.

9 Grottewitz war weder in politischer noch in ökologischer Hinsicht der einzige Schriftsteller vor dem Ersten Weltkrieg, dem solcher Erfolg zuteil wurde. Vgl. dazu Peter Morris-Keitel: „Paradiesische Zustände. Zu Hans Paasches Weltnaturschutzkonzept", in: *Mit den Bäumen sterben die Menschen. Zur Kulturgeschichte der Ökologie*, hrsg. von Jost Hermand, Köln 1993, S. 221-240.

Überlegungen wäre es also höchst undialektisch, Grottewitz' Auffassung von der „ganzen Ursprünglichkeit der Natur"[10] – unter Berufung auf die Nützlichkeit von Wäldern als „Erholungsstätte für die vielen" – auf anthropozentrische Naturschutzideale zu reduzieren.

Demgegenüber zeigt die Geschichte des Naturschutzes im Raum Berlin, dass Grottewitz' Werke bis 1933 von bürgerlichen Heimat- und Naturschützern, Vertretern von Gartenstadtidealen und Wandervereinen fast ausschließlich in diesem Sinn verstanden wurden. Zuzuschreiben ist dies im Wesentlichen der Herausgebertätigkeit Bölsches, der schon in seinem 1907 verfassten „Geleitwort" zur Erstausgabe von *Unser Wald* Grottewitz' ökologisches Naturkonzept in das Umfeld eines ethisch-patriotischen „Heimatschutzes" rückte.[11] Dieser Eingriff verhalf Grottewitz zwar zu größerer Popularität, nahm seinem Werk durch die Vernachlässigung der Klassenunterschiede gleichzeitig aber die politische Eindeutigkeit. Allerdings gab es auch Ausnahmen. So zielte der „Arbeiter-Wanderbund ‚Die Naturfreunde'" im Rahmen seiner proletarischen Bildungsbestrebungen im Sinne von Grottewitz' Vorstellungen grundsätzlich darauf ab, für den Erhalt der Natur als ein „zusammengehöriges Ganzes" aufzutreten und sie dadurch der „Bodenspekulation und kapitalistischer Raubwirtschaft zu entziehen."[12]

Die Wälder in und um Berlin, wie auch Gewässer, Grünflächen, Straßen, Brücken usw., standen spätestens seit der Reichsgründung von 1871 und der Ausrufung Berlins zur Hauptstadt immer wieder im Mittelpunkt des Streits zwischen dem konservativ-preußischen Fiskus und der bürgerlich-liberalen Stadtverwaltung.[13] Während es im Bereich der Straßenanlagen relativ schnell zu einer Einigung kam, blieben die Wälder aus Spekulationsgründen vorerst im Besitz des Staats. Erst nach der Jahrhundertwende wurden über 3.000 Hektar Wald mit großem Profit als Bauland an private Besitzer verkauft. Demgegenüber versuchte die Stadt Berlin, Probleme wie die Verdoppelung der Bevölkerung auf etwa 1,5 Millionen Menschen in den Jahren zwischen 1880 und 1890, die daraus resul-

---

10 Grottewitz (wie Anm. 1), S. 15.

11 Wilhelm Bölsche: „Geleitwort", in: Grottewitz: *Unser Wald. Ein Volksbuch*, Berlin 1924, S. 6. – Noch deutlicher wurde Bölsche in den zwanziger Jahren, als er sich direkt an den „straff organisierten Heimatschutz" wandte: Grottewitz und Bölsche: *Der Mensch als Beherrscher der Natur*, Berlin 1928, S. 15.

12 Zitiert in: Erich Hobusch: „Der Arbeiter-Wanderbund ‚Die Naturfreunde' (A.W.B.) (1909-1929)", in: *Politische Landschaft – die andere Sicht auf die natürliche Ordnung*, hrsg. von Klaus-Peter Lorenz, Duisburg 2002, S. 13.

13 Vgl. Laurenz Demps: „Die Kaiserstadt. Das küniglich-preußische Berlin", in: *Berlin. Geschichte einer Stadt*, hrsg. von Julius Schoeps, Berlin 2001, S. 84-119.

tierende massenhafte Verelendung, die katastrophalen Wohnverhältnisse und die Vernichtung der Wälder im Rahmen von Gesamtplanungskonzepten zu lösen.[14] Dazu trugen sowohl bürgerliche Heimat- und Naturschutzvereine als auch verschiedene, zwischen 1902 und 1922 erlassene Gesetze bei. Im ersten Jahrzehnt des 20. Jahrhunderts protestierten Waldschutz- und Siedlungsvereine gemeinsam mit der Gartenstadtgesellschaft, dem Heimatschutzbund, der Bodenreformbewegung und anderen Organisationen mehrfach gegen das Abholzen der Berliner Wälder. Unterstützt wurden sie dabei nicht selten von Zeitungen wie dem *Berliner Tagblatt*, das in Verbindung mit öffentlichen Unterschriftenaktionen immer wieder zum Schutz der Wälder aufrief. Im gleichen Zeitraum war diesen Bestrebungen ebenfalls daran gelegen, die zahlreichen Seeufer in der Umgebung der Stadt vor weiterer Bebauung zu schützen. Dies erfolgte im Wesentlichen auf der Grundlage des bereits 1902 erlassenen „Gesetzes gegen die Verunstaltung landschaftlich hervorragender Gegenden" sowie des „Gesetzes gegen die Verunstaltung von Ortschaften und landschaftlichen Gegenden" von 1907, dem so genannten „Verunstaltungsgesetz". Entsprechend den Vorstellungen der Heimatschutzbewegung zielte dieses Gesetz nicht nur auf den Schutz von Ortsbildern ab, sondern bot auch die Möglichkeit, Bauvorhaben außerhalb von Ortschaften zu untersagen. Anhand dieser Gesetze ergingen zwischen 1909 und 1914 eine ganze Reihe von Verordnungen, wodurch auch Teile des Müggelsees, der Havel und des Wannsees vor der Verbauung und für Erholungszwecke geschützt wurden.[15] Dies war zweifellos ein wichtiger Erfolg der frühen Naturschutzbewegung.

Im Zusammenhang mit derartigen sozialen Lösungsansätzen ist auch der im Jahre 1910 abgehaltene Städtebauwettbewerb für Berlin zu verstehen, wobei insbesondere solche Entwürfe für großes Aufsehen sorgten, die nach dem Vorbild der Gartenstadtbewegung die Schaffung eines Wald- und Parkgürtels um Berlin in ihre Pläne mit einbezogen.[16] Aufgrund solcher Initiativen schlossen sich 1912 die Städte Berlin, Charlottenburg, Rixdorf (seit 1912: Neukölln), Wilmersdorf, Schöneberg, Spandau und Lichtenberg sowie die Landkreise Teltow und Niederbarnim zum

---

14 Vgl. Kristiana Hartmann: „Gartenstadtbewegung", in: *Handbuch der deutschen Reformbewegungen 1880-1933*, hrsg. von Diethart Kerbs und Jürgen Reulecke, Wuppertal 1998, S. 289-300.

15 Zum Thema Naturschutz und Heimatschutz im Zusammenhang dieser Gesetze vgl. Knaut (wie Anm. 3), S. 244-254.

16 Vgl. hierzu allgemein Werner Vogel: *Führer durch die Geschichte Berlins*, Berlin 1968, S. 133-152.

„Zweckverband Groß-Berlin“ zusammen, um für die Verkehrsprobleme, die Bebauung und den Erhalt von Wäldern verbindliche Regelungen zu finden. 1915 erwarb der Verband 10.000 Hektar Wald vom preußischen Staat und beugte durch den Abschluss des Dauerwaldvertrags der weiteren Bodenspekulation vor. Diese Aktion brachte Berlin einen ausgedehnten Grüngürtel, doch wurden die naturschützerischen Bemühungen durch den Krieg zunichte gemacht.

Nach den massiven Naturvernichtungen im Ersten Weltkrieg wurde der Naturschutz zwar in die Weimarer Verfassung von 1919 aufgenommen, allerdings gelang es nicht, ein für ganz Deutschland verbindliches Naturschutzgesetz zu verabschieden. Von Bedeutung war jedoch das „Gesetz zum Schutz von Baumbeständen und der Freihaltung von Uferwegen im Interesse der Volksgesundheit“, das – auf zehn Jahre befristet – im Juli 1922 in Kraft trat und den sozialpolitischen Charakter der Naturschutzbestrebungen in der Weimarer Republik prägte. Die Hintergründe für das Zustandekommen des Gesetzes waren geplante Industrieanlagen wie der Bau einer Schiffswerft am Müggelsee und der Raubbau in den Berliner Wäldern gegen Ende des Kriegs. Solche Vorgänge gerieten allerdings erst dann in den Mittelpunkt einer breiteren Öffentlichkeit, als bekannte Schriftsteller wie Wilhelm Bölsche, Bruno Wille oder Wilhelm Kotzde in Tageszeitungen und Blättern wie *Die Mark. Zeitschrift des Allgemeinen Märkischen Touristen-Bundes*, dem Sprachrohr der Berlin-Brandenburger Wander-, Natur- und Heimatschutzbewegungen, auf die naturzerstörerischen Privatinteressen im Umgang mit den Wäldern hinwiesen und auf der Einhaltung gesetzgeberischer Schutzverordnungen bestanden.

Zu diesem Umfeld ist auch der seinerzeit viel gelesene Roman *Frau Harke geht durchs Land* (1917, 4. Aufl. 1926) von Wilhelm Kotzde zu rechnen, der am Beispiel der um 1910 durchgeführten Kanalisierung der Havel die Zerstörung des gesamten Ökosystems darstellt. Kotzde war 1909 Mitbegründer des Havelländischen Heimatschutzvereins und hatte in Rathenow die Flussregulierung miterlebt. Daher fiel es ihm leicht, die dem wissenschaftlich-technologischen Fortschritt und dem ökonomischen Wettbewerb dienende Naturvernichtung anschaulich darzustellen. Positiv bewertete Kotzde dagegen die Ziele bürgerlicher Bewegungen wie die des Wandervogel oder des Heimatschutzes, die im Sinne der Umsetzung des Naturschutzgedankens aufträten.[17] Wie viele Autoren und

---

17 William Rollins: *A Greener Vision of Home. Cultural Politics and Environmental Reform in the German ‚Heimatschutz‘ Movement, 1904-1918*, Ann Arbor 1997, S. 226-230; Peter Morris-Keitel (wie Anm. 3), S. 98f.

Autorinnen der Heimatschutzbewegung entwarf Kotzde – über seine scharfe Kritik an der kapitalistischen Entwicklung hinaus – kein ökologisches Nachhaltigkeitskonzept.

Durch das „Gesetz über die Bildung einer neuen Stadtgemeinde Berlin" von 1920, das im Wesentlich all jene Städte betraf, die bereits vorher im „Zweckverband Groß-Berlin" zusammengeschlossen waren, und weitere 60 Landgemeinden sowie etwa 30 Gutsbezirke, war Berlin nach New York und London zur drittgrößten Stadt aufgerückt.[18] Innerhalb des Stadtgebiets waren die Wälder durch den Vertrag von 1915 geschützt, nicht aber die Waldflächen der neu hinzugekommenen Gemeinden und Bezirke. Diese fielen jedoch unter das Baum- und Seeufergesetz von 1907, so dass auf der Grundlage der beiden Gesetze nach 1923 in Berlin und Brandenburg 65.000 Hektar Wald und 150 km Uferwege unter Schutz gestellt wurden.

Im Rahmen solcher Vorgehensweisen bemühte sich auch der Brandenburgische Naturschutzbeauftragte Hans Klose,[19] den Naturschutz als eine gesellschaftspolitische Notwendigkeit zu popularisieren und ihm dadurch eine soziale Prägung zu geben. So wurde im Juni 1922 in Berlin der „Volksbund Naturschutz" gegründet, dessen Vorsitz Klose übernahm. Kurz darauf fand auf seine Initiative hin der erste Märkische Naturschutztag statt. 1926 schlossen sich zahlreiche Vereine zum „Naturschutzring Berlin-Brandenburg" zusammen, dem 1928 auch die „Naturfreunde" beitraten. Gemeinsam organisierten sie mehrere Kundgebungen, um auf die zunehmende Verbauung der Seen und die anhaltenden Abholzungen der Wälder hinzuweisen und darüber hinaus die Etablierung landesplanerischer Einrichtungen und die Verabschiedung eines allgemein verbindlichen Naturschutzgesetzes zu fordern.

Im Vergleich zu den Jahren vor dem Ersten Weltkrieg erschienen die regionalen Naturschutzbemühungen in und um Berlin vor allem deshalb etwas erfolgreicher, da die Heimat- und Naturschutzorganisationen bei Bürgerinnen und Bürgern eine relativ breite Zustimmung für die Notwendigkeit eines organisierten Naturschutzes bewirkt hatten. In Anbetracht der Gesamtzusammenhänge in der ökonomischen und technologischen Akzeleration, vor allem in der Periode der relativen Stabilisierung des Kapitalismus von 1923 bis 1929 und der damit Hand in Hand gehenden großstädtischen Entwicklung und industriellen Produktions-

---

18 Vgl. Elke-Vera Kotowski: „Tanz auf dem Vulkan. Die Jahre der Weimarer Republik", in: *Berlin. Geschichte einer Stadt* (wie Anm. 13), S. 120-149.

19 Klose war Hauptverfasser des „Reichsnaturschutzgesetzes" und leitete von 1938 bis 1945 die Reichsnaturschutzstelle.

steigerung, blieben die Erfolge des Naturschutzes letztlich auch in der Weimarer Republik jener „Pritzelkram", als den ihn Hermann Löns schon 1911 gebrandmarkt hatte.[20] Ja, es lässt sich sogar sagen, dass die „Verwüstung" der Natur zwischen 1918 und 1933 mit ebenso „genialer Großzügigkeit" betrieben wurde wie um 1913, als Deutschland erstmalig zur zweitgrößten Industrienation nach den USA aufgestiegen war, ein Platz, den es 1929 erneut einnahm.

Auf die naturschützerischen Traditionen aus der Weimarer Republik setzten nach 1933 auch die nationalsozialistischen Machthaber. Das „Gesetz zum Schutz von Kunst-, Kultur- und Naturdenkmalen" vom Januar 1934 und das im Juni 1935 erlassene „Reichsnaturschutzgesetz" erfüllten zwar im juristischen Sinne viele Forderungen der völkischen Heimat- und Naturschützer, doch stellte sich der propagandistische Charakter nur allzu bald heraus, da der Naturschutz eindeutig hinter den ökonomischen und militärischen Interessen zurückzustehen hatte.[21] Trotz der Ausweisung von regionalen Schutzgebieten, unter anderem auch in Brandenburg, wurden bis zum Beginn des Zweiten Weltkriegs vor allem durch die massive Industrialisierung, den Abzug der Landbevölkerung in die Städte und den Autobahnbau großflächig Wälder gerodet, Fluss- und Seengebiete trocken gelegt und landwirtschaftliche Gebiete zerstört.[22]

Allerdings bildete dieses Gesetz aufgrund seines jargonfreien Sprachgebrauchs auch nach 1945 die Grundlage, auf der sich der Naturschutz in Ost und West weiterentwickelte. In der Bundesrepublik wurde das Gesetz erst 1976 in das Bundesnaturschutzgesetz umgewandelt. Manche Länder erließen schon früher zusätzliche Bestimmungen, wie in Brandenburg, wo 1947 und 1948 Beschlüsse „Zur Rettung des Waldes" und „Zum Schutz der Kulturlandschaft" verabschiedet wurden. In der Deutschen Demokratischen Republik wurde das Reichsnaturschutzgesetz bereits im August 1954 durch das „Gesetz zur Erhaltung und Pflege der heimatlichen Natur (Naturschutzgesetz)" abgelöst.[23] Auf dieser Grundlage wurde in den sechziger Jahren ein System von Landschaftsschutzge-

---

20 Zitiert in Walther Schoenichen: *Naturschutz, Heimatschutz*, Stuttgart 1954, S. 279.

21 Vgl. Jost Hermand: *Grüne Utopien in Deutschland. Zur Geschichte des ökologischen Bewußtseins*, Frankfurt, Main 1991, S. 112-118; Joachim Radkau: *Natur und Macht. Eine Weltgeschichte der Umwelt*, München 2000, S. 294-298.

22 Vgl. Franz-Josef Brüggemeier: *Tschernobyl, 26. April 1986. Die ökologische Herausforderung*, München 1998, S. 157-161.

23 Vgl. hierzu Hermann Behrens: „Die ersten Jahre – Naturschutz und Landschaftspflege in der SBZ/DDR von 1945 bis Anfang der 60er Jahre", in: *Naturschutz in den neuen Bundesländern – Ein Rückblick*, Bd. 1, hrsg. vom Institut für Umweltgeschichte und Regionalentwicklung, Marburg 1998, S. 15-86.

bieten geschaffen, das etwa 20 Prozent der DDR-Landesfläche umfasste und zu denen auch die Köpenicker Wälder und der Müggelsee gehörten. Nachdem in einem Zusatzprotokoll zum Grundlagenvertrag von 1972 Verhandlungen über den Schutz der Berliner Gewässer verabredet worden waren, kam es in den frühen achtziger Jahren zu einer Zusammenarbeit der beiden deutschen Staaten auf dem Gebiet der Reinhaltung von Spree, Havel und der Seenkette. Durch den Einbau von Reinigungsstufen sollte das ökologisch stark geschädigte Gebiet für die Trinkwassergewinnung geschützt werden und als Erholungsgebiet erhalten bleiben.[24] Dass in der Region Berlin-Brandenburg – trotz der Privatisierungswelle nach der Wende von 1989 – Seen und Wälder als Naturschutzgebiete und öffentlich zugängliche Erholungsgebiete gesichert werden konnten, ist – historisch gesehen – vielen engagierten Naturschützern zu verdanken. Allerdings ist es nicht gelungen, die „ganze Ursprünglichkeit der Natur" im Sinne des ökologisch-nachhaltigen Gemeinguts zu bewahren, wie dies Curt Grottewitz vor 100 Jahren forderte.

---

24 Vgl. „Zusammenarbeit der beiden deutschen Staaten im Umweltschutz", in: *Umweltprobleme und Umweltbewußtsein in der DDR*, hrsg. von der Redaktion Deutschland Archiv, Köln 1985, S. 79ff.

Nummer 11. 5. Jahrgang.

Der Wanderfreund

Monatsschrift des Deutschen Arbeiter-Wanderbundes „Die Naturfreunde“

Einzelnummer 10 Pf. Abonnement jährl. 1,40 Mk. inkl. Porto.

Schriftleitung und Verlag: W. Wilke, Berlin O., Memelerstr. 60a.

Einzelnummer 10 Pf. Abonnement jährl. 1,40 Mk. inkl. Porto.

Adresse des Vorsitzenden: J. Heinrich, NO., Elbingerstr. 24.

Berlin, den 1. März 1914

Bundes-Geschäftsstelle: Herm. Heyse, N., Boyenstraße 19.

Natur- und Heimatschutz.

„Viel Gewaltiges lebt, doch nichts Gewaltigeres als der Mensch“, so ruft in begeisterten Worten der griechische Tragiker Sophokles in seiner „Antigone“ aus, zum Lob und Preis des „hochbegabten klugen Wesens“, das zum Herrscher ward über die Natur und sich die Erde untertan gemacht.

Diese Herrschaft des Menschen auf Erden erscheint uns heutzutage als etwas ganz Selbstverständliches, Althergebrachtes, und doch wissen wir, daß es einer unendlich langen Entwicklung bedurfte, um den Menschen so werden zu lassen, wie wir ihn heute vor uns sehen. Im Laufe unendlicher Zeiträume hat er sich aus den allerkleinsten, allerbescheidensten Anfängen heraufgearbeitet und sich über den Zustand der Tierheit erhoben. In hartem Ringen um seine Existenz, in unsagbar schweren Kämpfen mit seinen Mitgeschöpfen ging er als Sieger hervor und ward zum unbestrittenen Herrscher der Erde. Und nur zu gut hat er es verstanden, seine Herrschaft zur Geltung zu bringen, die Natur zu unterjochen und ihr seinen unbeugsamen Willen aufzuzwingen, nur zu gründlich ist er dabei zu Werke gegangen.

Vorfrühlingsstimmung an der Briese.

Phot. B. Hemlepp.

Noch die römischen Schriftsteller berichten wahre Wunderdinge von den undurchdringlichen Urwäldern Germaniens mit ihren knorrigen Riesenbäumen, von dem Reichtum an Wild und allerlei Getier, von den ausgedehnten Sümpfen, von den ungezählten Scharen von Sumpf- und Wasservögeln aller Art, die sich in ihnen tummelten.

Zwei Jahrtausende sind seit dem verflossen, in der Entwicklungsgeschichte des Menschen nur eine ganz geringe Zeitspanne, und doch, wie gründlich hat er es verstanden, allein in dieser kurzen Zeit, die Natur umzugestalten, wie hat sich unter seinem Einfluß und durch sein Eingreifen das Antlitz der Erde verändert. — Niemals aber hat der Mensch unsinniger, unerbittlicher, grausamer, rücksichtsloser unter der Tier- und Pflanzenwelt gehaust, als seit der Mitte des vorigen Jahrhunderts, d. h. seit der besonderen Entfaltung der kapitalistischen Wirtschaftsweise. Und so ist es noch heutigentags. Man hört zwar oft mit Stolz das 19. Jahrhundert das „naturwissenschaftliche“ nennen und zum Teil mit Recht, es hat uns

Sonnenwendfeier 1920 am Teupitzsee. Von 1911 bis 1924 veranstaltete der Arbeiter-Wanderbund „Naturfreunde" alljährlich in der Johannesnacht (Wochenende um den 24. Juni) Sonnenwendfeiern am Teupitzsee südlich von Königs Wusterhausen. Es fuhren Sonderzüge zum Festplatz beim Gasthof Tornows Idyll. 1920 nahmen 4.500 Personen an der festlichen Feier teil.

Buchtitel für „Der Bücherkreis G.m.b.H.“, Berlin.
Einbandentwurf von F. Peffer, Berlin-Schöneberg, 1928.

Titelkopf „Der Naturfreund“.

Ausstellung der Ortsgruppe Köpenick des Touristenvereins „Die Naturfreunde“, Gau Brandenburg, um 1930.

Alt-Müggelheim, Blick vom Osten auf Kirche, Schule und Dorfanger, um 1910.

Alt-Müggelheim, die Dorfchaussee, um 1905.

Claus-Dieter Sprink

Vom Germanisten zum Bauern: Curt Grottewitz in Müggelheim

Im Zuge des als Merkantilismus und Physiokratismus bezeichneten Wirtschaftsdenkens, das sich in Preußen nach der Wende vom 17. zum 18. Jahrhundert immer mehr durchsetzte, ergriff Friedrich II. eine Reihe von Maßnahmen, die als so genannte Binnenkolonisation in die Geschichte eingegangen sind. Zu den wichtigsten Aufgaben preußischer Innenpolitik gehörte die Urbarmachung dünn besiedelter Gebiete und die Belebung der Wirtschaft in den betreffenden Regionen, um weitgehende ökonomische Unabhängigkeit von den Nachbarstaaten zu erreichen. Daher griff Friedrich II. auf die Politik der Hohenzollern zurück, indem er die Ansiedlung von Arbeitskräften aus Böhmen, Württemberg, Sachsen, Polen sowie aus der Pfalz und der Schweiz veranlasste und durch die Zusicherung von Privilegien sowie der weitgehenden Befreiung von Militärdienst und Steuerlast intensiv förderte. In den Jahren von 1747 bis 1754 wurden im Brandenburger Raum 262 Dörfer gegründet, die anfänglich insgesamt über 100.000 Einwohner zählten. Allein in der unmittelbaren Umgebung Berlins entstanden etwa vierzig neue Ortschaften, zu denen vor allem Müggelheim, Grünau, Grünerlinde, Friedrichshagen, Adlershof und Johannisthal zählten. Während für die Mehrzahl der neuen Ansiedlungen Gesichtspunkte wie die Förderung der Textilindustrie ausschlaggebend waren, wurde Müggelheim laut einer Kabinettsorder vom 1. Juni 1747 zu einer der wenigen landwirtschaftlichen Siedlungen im unmittelbaren Umkreis Berlins erklärt.

Auf dem Köpenicker Werder zwischen den Müggelbergen und der Großen Krampe – einer seeartigen Ausbuchtung der Dahme – ließen sich zunächst zwanzig bäuerliche Familien aus dem Herzogtum Pfalz-Zweibrücken nieder, die ihre Heimat aufgrund der dort herrschenden Armut verließen. Für die Anordnung ihrer Wohnhäuser wählten die Pfälzer die mittelalterliche Form des Angerdorfes und errichteten je zehn übereinstimmend angelegte Gebäude auf jeder Straßenseite. Daneben erbauten sie Höfe, Ställe und Scheunen und betrieben die Urbarmachung der Böden. Welchen Mühen sie bei dieser Arbeit ausgesetzt waren wird erst deutlich, wenn man sich die Bodenverhältnisse auf den gerodeten Ackerflächen näher betrachtet. Wie fast überall im märkischen Raum bestanden die Böden bis in große Tiefen hinein aus Sand, der kaum Feuchtigkeit speicherte und keinerlei Nährstoffe besaß, so dass Bewässerung und Düngung unabdingbar waren. Trotz der außerordentlich schweren Bedingungen verblieben etwa drei Viertel der Siedler in Müggelheim, eine Zahl, die im Vergleich zu anderen Dörfern weit über dem Durchschnitt lag. Zu Beginn des 19. Jahrhunderts bestand das 139 Einwohner zählende und 452 Hektar große Müggelheim aus 24 eingeschossigen Wohnhäusern, einer Kirche, einer Ziegelei und einer kleinen Backsteinschule sowie mehreren hundert Hektar landwirtschaftlicher Nutzfläche auf dem Köpenicker Werder. Bis zum Jahr 1860 erhöhte sich die Einwohnerzahl leicht auf 158, die Ackerflächen betrugen 330 Hektar, die Wiesen- und Waldflächen etwa 47,5 Hektar.[1]

Durch den 1896 vollendeten Bau der Chaussee Köpenick-Müggelheim-Fahlenberg wurde Müggelheim an das Straßennetz der benachbarten Reichshauptstadt angeschlossen. Vor allem die Kleinbauern begrüßten diese Verbindung, da sie ihre landwirtschaftlichen Erzeugnisse jetzt wesentlich schneller zu ihren Abnehmern bringen konnten. In diesem Zusammenhang stellte sich bald heraus, dass frische Milch in den Städten besonders stark gefragt war, woraufhin viele Landwirte diesem Erwerbszweig eine vorrangige Bedeutung beimaßen. Bald fuhren die Händler täglich in das nur neun Kilometer entfernte Köpenick, um die Stadt mit landwirtschaftlichen Produkten zu versorgen.

Die Chaussee bewirkte ebenfalls einen verstärkt einsetzenden Ausflugsverkehr, so dass besonders während der warmen Jahreszeit zahlreiche Gäste in das als freundlich bekannte Müggelheim kamen. In kürzester Zeit entstanden erste Ausflugsrestaurants am Ufer der Großen Krampe und im Dorf. Nach und nach wurden erste Neubauten und Villen errichtet, viele ältere Häuser erhielten moderne Fassaden, denen man weder ihr Alter noch die einstige Armut ihrer Besitzer ansehen konnte. Der landschaftlich reizvoll gelegene Ort entwickelte sich um 1900 endgültig zu einem Wohnort, wo mehr und mehr großstädtische Menschen ein neues Zuhause suchten.

Einer von ihnen war Curt Grottewitz,[2] der nach einem Studienaufenthalt in Frankreich mit seiner Familie in den Berliner Raum zurückkehrte und im Jahre 1901 ein etwa 2.800 Quadratmeter großes Anwesen in Müggelheim erwarb.[3] Das 1902 erschienene Adressbuch der Stadt Kö-

---

1 Vgl. Willy Spatz: „Müggelheim“, *Bilder aus der Vergangenheit des Kreises Teltow*, Berlin 1905.

2 Aus Müggelheim stammt ebenfalls der Geodät Johann Jacob Baeyer (1794-1885), der vom Bauernsohn zum General im preußischen Militär aufstieg.

3 Der zum Regierungsbezirk Potsdam (Kreis Teltow, Amtsbezirk Cöpenick-Forst) gehörende Ort hieß damals noch Müggelsheim und trägt erst seit 1912 die amtliche Bezeichnung Müggelheim.

penick verzeichnet unter der Ortschaft Müggelsheim, Hausnummer 15, Dr. phil. Curt Pfütze, Schriftsteller.[4] Auf seinem Grundstück Dorfstraße/ Ecke Feldweg befand sich ein fünfachsiges, halbunterkellertes Wohnhaus, eine Scheune und ein Stall für Kühe und Pferde.[5] Rechts neben dem Wohnhaus bot eine achtzehn Meter breite Grundstücksauffahrt Platz für die An- und Abfuhr landwirtschaftlicher Güter, während sich links hinter dem Wohngebäude der Stall und gegenüber die Scheune befanden. Durch die Eingangstür des Wohnhauses gelangte man in einen kleinen Flur, von dem links und rechts je eine Stube abging. Im hinteren Teil des Hauses mit einem Ausgang zu Hof und Garten waren ein weiteres Zimmer, eine Speisekammer und zwei Küchen. Dazu kamen eine Futterküche im Keller und eine Räucherkammer im Dachgeschoss.[6] Sämtliche Gebäude waren 1887/88 neu errichtet worden.

Ob die mehrheitlich noch direkt von den frühen pfälzischen Siedlerfamilien abstammenden Müggelheimer dem aus Sachsen hinzugekommenen Grottewitz die Eingliederung in die Dorfgemeinschaft erleichtert haben, lässt sich heute nicht mehr feststellen. So spekulierte schon Schulrat Arno Jaster 1931 in der Köpenicker Tageszeitung *Das Dampfboot*, dass Grottewitz wohl im Dorf nur sehr wenige Menschen kannte, da er „kein Freund großer Geselligkeiten“ gewesen sei und es nur wenige gab, die „dies oder das von ihm hörten und lasen.“[7] Andererseits scheint Grottewitz besonderes Interesse an der musischen und naturwissenschaftlichen Bildung der Jugend Müggelheims besessen zu haben, der er darüber hinaus den Genuss von Tomaten aus eigenem Anbau ans Herz legte.[8] Die Popularisierung der Tomate, die lange Zeit als übel riechend und giftig galt, ja angeblich Liebeswahn hervorrief, wurde ab 1886 in der in Frankfurt (Oder) vertriebenen kleingärtnerischen Zeitung *Praktischer Ratgeber im Obst- und Gartenbau* betrieben, die nicht nur mit den gängigen Vorurteilen aufräumte, sondern gleichzeitig auch den regionalen Anbau der

4 Vgl. *Adressbuch der Stadt Coepenick und der Ortschaften Adlershof, Hirschgarten, Müggelsheim*, Cöpenick 1902.

5 Heute Alt-Müggelheim 15/Ecke Odernheimer Straße. Der seit 1928 verwendete Name der Straße geht auf die Pfälzer Siedler zurück.

6 Angaben aus der Bauakte Alt-Müggelheim 15. Akten des Verwaltungsbezirkes Cöpenick. Bezirk Cöpenick. Band 1. Bezirksamt Treptow-Köpenick, Bauen- und Wohnen Aufsichtsamt, Bauaktenarchiv.

7 Arno Jaster: „Kurt Grottewitz – Ein Müggelheimer Erinnerungsblatt“, *Unsere Heimat*. Beilage der Tageszeitung *Das Dampfboot*. Ausgabe Nr. 2 vom 10. Januar 1931.

8 Vgl. Heinz Hentschke: „Dr. Curt Grottewitz zum Gedenken“, *Der Siedlerfreund – Mitteilungsblatt der Siedlergemeinschaft Müggelheim*, Heft 3, 1979.

Pflanze empfahl.[9] Es ist nicht auszuschließen, dass der in vielerlei Hinsicht sehr belesene Grottewitz von diesen Bemühungen unterrichtet war, vielleicht sogar die Zeitschrift kannte und als stets aufgeschlossener Mensch gern bereit war, zur Aufklärung der ländlichen Bevölkerung über den Wert der Tomate beizutragen.

Zusätzlich zu diesen Aktivitäten gelang es Grottewitz in diesen Jahren eine Reihe von Schriften über die Natur und ihre Schönheit zu verfassen, die sich besonders, aber nicht ausschließlich, an Großstadtbewohner richteten.[10] Wie schwer das Leben und die Arbeit des Bauern und Schriftsteller Grottewitz gewesen sein muss, lässt sich anhand der Erinnerungen von Wilhelm Bölsche nachlesen, der seit etwa 1890 mit Grottewitz befreundet war:

> „Je größer rein räumlich der Besitz, desto größer freilich wurden die Anforderungen. Ihm selbst, dem feinsinnigen Geistesmenschen mit ästhetischen Bedürfnissen, war keine Arbeit zu gering. Er reinigte den Stall, hackte Kartoffeln, säte, streute Kunstdünger, wendete das Heu, mähte den Roggen und grub den ganzen Garten selbst, von dem auch wieder ein Teil sein wissenschaftliches Versuchsfeld für botanische Zwecke bildete. Bei allem Fleiß brachte die Wirtschaft aber nichts ein. [...] Fern, auf ganz anderem Felde, musste er ebenso rastlos in einem wahren Doppeldasein das noch einmal erwerben, was die Scholle ihm nicht trug, ja verschlang. So läuft neben diesem ganzen stillen Kampf fern im Winkel der Mark, wo ihn niemand kannte und suchte, seine ausgedehnte öffentliche Tätigkeit als naturwissenschaftlicher Schriftsteller parallel.“[11]

Völlig überraschend ertrank der als guter Schwimmer bekannte Grottewitz am 16. Juli 1905 in der Großen Krampe am so genannten Scharfen Eck. Als Atheist und Freidenker wurde er am Rande des alten Müggelheimer Gemeindefriedhofs am Krampenburger Weg in der „Selbstmörderecke“ beerdigt, da die Behörden Selbstmord als Todesursache nicht ausschließen wollten. Erst 1924 wurde Grottewitz’ Grab auf Beschluss der Köpenicker Bezirksversammlung umgebettet. Seine 1939 verstorbene Witwe durfte aufgrund der NS-Rassengesetze als Halbjüdin nicht an sei-

9 Vgl. Clemens Alexander Wimmer: „‚Wenn der Widerwille überwunden ist‘ – Die spät erkannte Nützlichkeit der Tomate“, *Schön und Nützlich. Aus Brandenburgs Kloster-, Schloss- und Küchengärten*, hrsg. vom Haus der Brandenburgisch-Preußischen Geschichte, Berlin 2004, S. 211-213.

10 Vgl. hierzu den Beitrag „... eine solche interessante Naturerscheinung in unverfälschter Echtheit ...“: Curt Grottewitz als früher Vertreter ökologischer Nachhaltigkeitskonzepte“ von Peter Morris-Keitel in diesem Band.

11 Wilhelm Bölsche: „Zur Erinnerung an Curt Grottewitz“, Curt Grottewitz: *Sonntage eines großstädtischen Arbeiters in der Natur*, Berlin 3. Aufl. 1909, S. 11f.

ner Seite bestattet werden. Die Zusammenlegung der Gräber erfolgte erst nach dem Zweiten Weltkrieg. 1971 wurde das Grottewitz-Grab zu einer kleinen Gedenkanlage umgestaltet, deren Pflege das Grünflächenamt übernahm.

Anlässlich des 100. Geburtstags von Curt Grottewitz am 22. Februar 1966 fanden im Rathaus Köpenick und in Müggelheim Gedenkveranstaltungen statt, die der Kulturbund Köpenick und der Dorfklub Müggelheim organisierten. Auf Anregung des Müggelheimer Ortschronisten Heinz Hentschke wurde am 16. Juli 1966 am ehemaligen Wohnhaus der Familie eine schlichte Gedenktafel mit folgender Inschrift enthüllt: HIER LEBTE UND WIRKTE • DER NATUR- UND ARBEITERFREUND • DR. CURT GROTTEWITZ • 22. FEBRUAR 1866 - 16. JULI 1905. Ein stilisiertes „N" unter dem Namenszug erinnert an die verschiedenen Wandergruppen der Naturfreunde, die Grottewitz als einen nachahmenswerten Schriftsteller lasen und bewunderten. Bis in die Gegenwart hinein finden im Juli in Müggelheim Gedenkveranstaltungen zu Grottewitz' Ehren statt.

In Alt-Müggelheim um 1905.

Das letzte in Müggelheim gemähte Korn, gedroschen beim Erntefest 1985.

Heinz Hentschke, der Müggelheimer Ortschronist, um 1960.

Forstschutzhelfer Heinz Hentschke und Friedel Kutz beim Angerfest, 1987.

Grottewitz-Ehrengrab auf dem Alten Gemeindefriedhof in Müggelheim, 1957.

Nach Auflösung des Friedhofes Müggelheim blieb das Grottewitz-Ehrengrab in der neu angelegten Parkanlage erhalten, 2002.

Gedenkfeier zum 100. Geburtstag Curt Grottewitz' in Müggelheim am 16. Juli 1966. Ehrengäste waren die Grottewitz-Tochter Katja Rörig (3. v.r.) sowie die Enkeltöchter.

Enthüllung der Gedenktafel am ehemaligen Wohnhaus der Familie Grottewitz durch Heinz Hentschke, geschaffen vom Köpenicker Künstler Walter Sutkowski (1890-1983).

Vlnr.: Heinz Hentschke, Erich Hobusch und Klaus-Peter Lorenz, 1990.

Heinz Hentschke (r.) beim Setzen einer „Freundschaftslinde" mit einer Schulklasse aus Müggelheim am 14.10.1967.

Grottewitz' Wohnhaus, September 2003.

Grottewitz' Wohnhaus (Hofseite), 2003.

Köpenicker Naturfreunde beim Bau ihrer neuen Schutzhütte an der Großen Krampe, 1927.Grottewitz-Hütte, 1928.

Die neue Schutzhütte mit dem Frauenschlafraum (unten), im Jahre 1930.

Erich Hobusch

Zur Geschichte der „Grottewitz-Hütten“ an der Großen Krampe

Bis ins 20. Jahrhundert hinein mussten die Köpenicker Fischer lange Strecken mit ihren Fischerbooten rudern, ehe sie mit ihren Fängen den Fischmarkt erreichten. Zum Übernachten errichteten sie auf verschiedenen Landzungen einfache Fischerhütten, die sie als „Buden“ bezeichneten und nach dem Namen des Fischers (wie Philipps-Fischerhütten) oder nach dem Gewässer (wie Müggel-Bude oder Krampen-Bude) benannten.[1] Als sich Motorboote nach dem Ersten Weltkrieg durchsetzten, wurden auch die Hütten nicht mehr genutzt und verfielen zusehends. Die Gruppe des Touristenvereins „Die Naturfreunde“ aus Köpenick-Friedrichshagen besuchte bei ihren Wanderungen durch die Müggelberge öfter die Fischer, zumal die Köpenicker Fischerfamilien Linsener und Zimmermann zwei Unterkunftshütten direkt an der Mündung der Großen Krampe in den Langen See besaßen. Diese Ortsgruppe kam 1924 unter ihrem neu gewählten Vorsitzenden Bernhard Linsener überein, die zwei schon stark beschädigten Fischerhütten für 300 RM zu kaufen.[2] Gleichzeitig sollte das angrenzende Gelände im Jagen 184 der Oberförsterei Oberspree vom Stadtforstamt Friedrichshagen gepachtet werden. Nach dem Lageplan aus dem Jahre 1932 betrug die Gesamtfläche der Anlage am südlichen Ausläufer der Binnendünen 3.180 Quadratmeter. Bis 1928 errichteten die Naturfreunde in unzähligen freiwilligen Arbeitseinsätzen noch eine weitere Hütte, wozu sie wahrscheinlich die Bretter alter US-amerikanischer Transportkisten aus Grünau verwendeten. Hier an der Großen Krampe spielte sich nun das aktive Vereinsleben der Köpenicker Naturfreunde ab. Die Einweihung der neuen Unterkunftshütte erfolgte am Todestag von Grottewitz im Juli 1928 mit der Namensgebung Naturfreunde-Wanderheim „Grottewitz-Hütten“.[3]

Im „Verzeichnis der Schutzhütten und Ferienhäuser des TV ‚Die Naturfreunde‘ vom 1. Mai 1930“ wurden die Hütten mit einer Kapazität von 16 Betten, 14 Matratzen und 10 Heulagern aufgeführt. In der einen

1 Erich Hobusch: „Von Fischerbuden und Ausflugslokalen“, in: „*Ausflugsverkehr ‚Am grünen Strand der Spree‘*. Zur Geschichte des Erholungswesens an Dahme und Spree bis 1945“, *Köpenicker Hefte* 5 (1986), S. 10.

2 Ders.: „Geschichte des Arbeiter-Wanderbundes ‚Die Naturfreunde‘ (A.W.B.) von 1909 bis 1929“, in: *Grüner Weg 31a* 12 (1998), S. 32-58.

3 Vgl. *Mitteilungsblatt des Touristenvereins ‚Die Naturfreunde‘*, Gau Brandenburg, Ortsgruppe Berlin, August 1928.

Steinhütte befand sich unten der Aufenthaltsraum mit der angrenzenden Kochstelle nach draußen und oben die Matratzen-, Schnarch- und Schlafstätte. In der neuen Holzhütte wurde im Erdgeschoss der Frauenschlafraum mit Doppelstockbetten und auf dem Dachboden das Heu- bzw. Strohlager eingerichtet. Die andere Steinhütte war zunächst der Winterraum für Arbeitsmaterial und Brennholz und wurde zur Küchenhütte ausgebaut. Zur bescheidenen, aber viel benutzten Innenausstattung zählten einfache Gegenstände wie Tische, Stühle, Kaffeetöpfe, Gläser, Töpfe, Küchenbedarfsgegenstände usw. Die Naturfreunde bildeten Kultur- und Fotogruppen und stets gehörten Gesang, Musik und Naturstudien zu ihren bevorzugten Tätigkeiten. Über die bei den Naturfreunden allgemein üblichen Regeln hinaus wurde mit der Einweihung der Grottewitz-Hütten eine eigene Hüttenordnung erlassen:[4]

Ihr Wanderfreunde seid willkommen
dass Ihr den Weg zu uns genommen!
Ihr seid jetzt Gäste unsrer Hütten,
doch müssen wir um manches bitten:
Kehrt Ihr hier ein nach froher Fahrt,
so meldet Euch beim Hüttenwart,
damit er sieht, wer ihn beehrt
und heut' zum Hüttenkreis gehört.
Klein ist bei uns die Gebühr,
drum zahlt sie jeder gerne hier.
Die Hütten dienen Euch zur Rast,
zum Schlafen nach des Tages Last.
Der Hüttenwart hat selten Ruh',
drum packt, wo's nötig, selber zu.
Lasst blühen, was im Lenz erwacht,
freut sich doch jeder dieser Pracht,
werft kein Papier hier ins Gelände
verunziert nicht die Hüttenwände.
Was Ihr benutzt, gebt Stück für Stück
an seinen alten Ort zurück.
Das Rauchen ist hier sehr verpönt,
es hat noch nie die Luft verschönt!
Um zehn Uhr geht es in die Falle,
bestimmt ist das gesund für alle.
Ein Schlafsack kann von Nutzen sein,
drum bringt ihn mit und schlüpft hinein,
er ist Euch dienlich jederzeit
als Zeichen großer Sauberkeit.
Wascht vorher Euch die Hinterbeine,
die Schlafstatt hier ist keine Scheune,
träumt froh von schöner Wanderfahrt,
die Wache hält.

Der Hüttenwart.

Noch im April 1933 wurden unter den 12 Brandenburgischen Naturfreundeheimen die Grottewitz-Hütten aufgeführt. Allerdings war dies vorerst die letzte offizielle Mitteilung über die Anlage an der Großen Krampe, da nach dem Erlass des Reichspräsidenten vom 28. Februar 1933 und dem Gesetz über die Einziehung kommunistischen Vermögens vom 26. Mai 1933 auch die Tätigkeit der Naturfreunde in Berlin verboten worden

4 „Hütten-Ordnung für die Grottewitz-Hütten an der Großen Krampe“. Sie galt von 1928 bis 1935 und war auch 1947 bis 1956 wieder am Eingang angeschlagen (lt. Angaben von Paul Schostag).

war.[5] Die Frauen trennten daraufhin das Emblem von der roten Ortsgruppenfahne des TVdN-Köpenick ab und versteckten es bis 1945 auf dem Dachboden einer Gartenlaube.[6]

Die Köpenicker Naturfreunde strebten entsprechend der Empfehlung der Nürnberger Reichsleitung vom Mai 1933 eine „Einordnung des TVdN in die Neuordnung des Deutschen Reiches" an.[7] Im September 1933 beantragten sie die Aufnahme in den Verband Märkischer Wandervereine e.V. und setzten sich für eine Gleichschaltung ein. Am 3. Februar 1935 fand die Generalversammlung der Köpenicker Naturfreunde statt, bei der ein neuer Vereinsführer, der bereits vor 1933 der NSDAP angehört hatte, gewählt und ein Bericht über die Gleichschaltung der Naturfreunde mit der Beschlussfassung einer neuen Vereinssatzung beraten wurde.[8] Obwohl die Ortsgruppe Köpenick des Touristenvereins „Die Naturfreunde" noch offiziell bestand, wurden bereits am 26. April 1934 die Grottewitz-Hütten von der Gestapo beschlagnahmt. Dabei wurde das Material – dazu zählten u.a. die Hütten, Betten, Matratzen, Geschirr, Mobiliar – mit einem Gesamtwert von 4.770 RM geschätzt.[9] Nach der Gleichschaltung und dem Einzug ihres Vermögens erhielten die Köpenicker ihre Grottewitz-Hütten im Frühjahr 1935 wieder zurück.[10] Von den ehemals

---

5 Vgl. Oliver Kersten: „Zeittafel: Berliner Naturfreunde – Mai 1933", in: *Grüner Weg 31a* 12 (1998), S. 25; ders.: *„Lasst weit zurück die Stätte eurer Fron" – Kontinuität und Brüche in der Naturfreundebewegung in der Region Berlin-Brandenburg von ihren Anfängen bis zur Gegenwart*, Diss. FU-Berlin 2004.

6 Es handelt sich dabei um das 1928 von den Frauen der Ortsgruppe Köpenick handgestickte Emblem der Naturfreunde. Von 1945 bis 1952 diente es erneut als Symbol der Wandersparte Naturfreunde Köpenick. Erstmalig wurde es 1988 bei der Ausstellung „Im Bund mit Natur und Umwelt – Natur in der Stadt, Stadt in der Natur" der Gesellschaft für Natur und Umwelt wieder gezeigt. Am 20. Oktober 1990 wurde es bei der Vereinigung der beiden Berliner Landesverbände dem Archiv der Naturfreunde in der Ringstraße übergeben, wo es jedoch nicht mehr auffindbar ist.

7 Vgl. Christiane Dulk und Jochen Zimmer: „Die Auflösung des Touristenvereins ‚Die Naturfreunde' nach dem März 1933", in: *„Mit uns zieht die neue Zeit". Die Naturfreunde. Zur Geschichte eines alternativen Verbandes in der Arbeiterbewegung*, hrsg. von Jochen Zimmer, Köln 1984, S. 115.

8 Vgl. Wolfgang Bagger: „Zur Geschichte der Arbeiterwanderbewegung", in: *Beiträge zur Geschichte des Tourismus in der DDR*, hrsg. vom Arbeitskreis Tourismus-Geschichte bei der Sektion Kulturwissenschaften und Ästhetik der Humboldt-Universität zu Berlin, Berlin 1989, S. 1-11.

9 Vgl. dazu die Akten im Brandenburgischen Landeshauptarchiv Potsdam: Pr. Br. Rep. 30 Berlin C, Titel 148 B Nr. 4465; Amtsgericht Charlottenburg Abtl. 94/Abtl. 582, VR 11591 – Touristenverein „Die Naturfreunde", Ortsgruppe Köpenick e.V.; Vorgang 1934/35; Nr. 1732, Schriftverkehr des Preußischen Finanzministeriums, II G. – 1501; Schriftverkehr vom 16. April 1934 des Geheimen Staatspolizeiamts – Stapo 5, – Der Polizeipräsident in Berlin, Abt. W 5400.

10 Lt. Schreiben des Polizeipräsidenten in Berlin, Abt. W, Geschäftszeichen W 5400/135-166

91 Mitgliedern waren im Mai 1935 noch 61 im „neuen Verein der Naturfreunde" Mitglied und hatten die Fragebögen und Satzungen unterzeichnet.

Wie sich im Vereinsregister nachlesen lässt, wurde die ehemalige Ortsgruppe im November 1935 in „Märkische Wandervereinigung Köpenick" umbenannt.[11] Paul Schostag,[12] ehemaliges prominentes Mitglied, erinnerte sich nach dem Ende des Zweiten Weltkriegs:

> „Ende 1935 wurde der hiesigen Köpenicker Gruppe nach Namensumbenennung in Märkische Wandervereinigung Köpenick wieder erlaubt, die Hütten zu übernehmen. Dieselben blieben bis Kriegsende in Händen dieser Gruppe. Ein durch Machenschaften des Leiters der Märkischen Wandervereinigung im Jahre 1940 abgetrennter Teil, meist jüngere aktive Mitglieder, wurden zur Wander- und Volkstanzgemeinschaft Köpenick zusammengefasst. Diese Gemeinschaft, frei von nazistischen Elementen, setzte ihre Arbeit bis Kriegsende fort und bildet jetzt den Kern der zur Zentralsparte Naturfreunde gehörenden ‚Naturfreunde/Wandersparte Köpenick'."[13]

Das Sportamt Berlin setzte im Sommer 1945 Paul Schostag als Treuhänder für das Gelände der Grottewitz-Hütten ein. Er organisierte als Leiter, zusammen mit den alten Köpenicker Naturfreunden in der sich neu bildenden kommunalen „Naturfreunde-Wandersparte Köpenick", die Wiedereinrichtung der Hütten. Sie standen bereits im Sommer 1946 für 120 Berliner Kinder als erste Ferienlager zur Verfügung.[14] Vom Stadtforstamt

---

vom 10. Januar 1935: „Der Verein verpflichte sich, die gesamten Schulden des Vereins aus der Zeit vor der Beschlagnahme und Einziehung des Vermögens in voller Höhe zu übernehmen und zu tilgen."

11 Vgl. Wolfgang Bagger: „Köpenick – Eingegliedert, gleichgeschaltet, umbenannt", in: *Grüner Weg 31a* 10 (1996), S. 24f.; Oliver Kersten: „Zwischen Widerstand und Anpassung. Berliner Naturfreunde während der Zeit des Nationalsozialismus, u.a. Paul Schostag", in: *Grüner Weg 31a* 10 (1996), S. 19f.

12 Paul Schostag (30. April 1912-18. Juli 1996) wurde 1927 Mitglied der Sozialistischen Proletarierjugend (SPJ) und 1931 Mitglied im Sozialistischen Jugendverband (SJV), der Jugendorganisation der SAP. 1936 wurde Schostag Mitglied in der Märkischen Wandervereinigung Köpenick, die während der Nazi-Herrschaft die Grottewitz-Hütten weiterführte. Im Oktober 1944 kurzfristig zur Wehrmacht eingezogen. Gründete 1945 die Naturfreunde/ Wandersparte Berlin-Köpenick, schloss sich ab 1948 dem Kulturbund zur demokratischen Erneuerung Deutschlands an. Als Vorsitzender der Köpenicker Naturfreunde setzte sich Schostag wesentlich für die Wiederherstellung der Grottewitz-Hütten ein. Bis zu seinem Tod blieb Schostag Mitglied der Naturfreunde, deren Ideale er auch nach der Wende vertrat.

13 Paul Schostag: Schriftlicher Nachlass, Gelände Grottewitzhütten – Akten der Ortsgruppe Köpenick, in: Naturfreunde LV Berlin Archiv Sign.: Aktenmaterial Naturfreunde-Häuser Grottewitz Hütten.

14 Vgl. Erich Hobusch: „Naturfreunde auf dem Weg zum Kulturbund 1945-1953", in: *Grüner Weg 31a* 10 (1996), S. 62-75.

übernahm Schostag den alten Pachtvertrag für das Erholungsgelände und zahlte den rückständigen Pachtzins für die Jahre 1945 und 1946. Im Juli 1946 erfolgte dann die offizielle Gründung einer kommunalen „Naturfreunde/Wandersparte Köpenick". Am 16. Juli 1947, dem Todestag von Curt Grottewitz, führten die Berliner Naturfreunde eine eindrucksvolle Gedenkveranstaltung durch. Sie war organisiert von Franz Maspfuhl, der bereits vor 1933 Ortsgruppenvorsitzender war und nach dem Krieg wieder in dieses Amt gewählt wurde.

Im gleichen Jahr stellten die Naturfreunde mehrfach einen Antrag auf ihre Wiederzulassung bei den zuständigen Militärbehörden der Alliierten, was diese jedoch ablehnten. Deshalb konnte auch die Sport-Wandersparte Naturfreunde Köpenick keine gültige, vom Amtsgericht registrierte Vereinssatzung vorlegen, um das Gelände der Grottewitz-Hütten vom Forstamt Friedrichshagen wieder offiziell zu pachten. Stattdessen schlossen sie am 27. Mai 1948 vor einem Notar in Adlershof einen „Gesellschaftsvertrag zur Bildung einer Naturfreunde-Wanderheim–Gesellschaft bürgerlichen Rechts" ab, deren Zweck der Erwerb bzw. die Pachtung und der Betrieb von Wanderheimen war. Auf der Grundlage dieses Vertrages konnte am 8. Oktober 1948 der Pachtvertrag für das Gelände an der Großen Krampe mit dem Magistrat des Groß-Berliner Hauptforstamts abgeschlossen werden.[15] Damit wurde die Köpenicker Naturfreunde-Wandersparte wieder offizieller Pächter der Grottewitz-Hütten. Man schloss sich der neu gebildeten Sektion der „Natur- und Heimatfreunde" an, die vom Kulturbund zur demokratischen Erneuerung Deutschlands gebildet worden war.[16]

Mit den Vorbereitungen auf die III. Weltfestspiele der Jugend und Studenten im August 1951 in Ost-Berlin wurden auch die Grottewitz-Hütten im Erhebungsbogen für Massenquartiere erfasst. Die Belegung durch 54 Mädchen zeigte, dass Berlin unbedingt einen Campingplatz insbesondere für Jugendliche benötigte und damit war das Schicksal der Grottewitz-Hütte absehbar. Die Forstverwaltung lehnte eine Erweiterung der Flächen des Wanderheimes im Mai 1952 mit der Begründung ab, dass die Ufer an den Wäldern freigehalten werden sollten, um der Bevölkerung den ungehinderten Zutritt zum Wasser zu ermöglichen. Daraufhin trat bei der Gesellschafterversammlung im November 1952 der gesamte Vorstand der Naturfreunde-Wanderheim-Gesellschaft zurück und es

15 Vgl. Nachlass Schostag (wie Anm. 13).
16 Vgl. Hobusch: „Naturfreunde auf dem Weg ..." (wie Anm. 14), S. 69.

wurde ein neuer Vorstand berufen, dem auch Paul Schostag als Leiter der Köpenicker Gruppe der Natur- und Heimatfreunde angehörte.

Im Februar 1956 teilte der Magistrat von Groß-Berlin, Abteilung Land- und Forstwirtschaft, der Gesellschaft „Naturfreunde Wanderheim" mit, dass das gemietete Gelände zur Verwendung für öffentliche Zwecke (Einrichtung einer Touristenstation der Jungen Pioniere und Schüler, eines Fahrt- und Wanderstützpunktes für alle Köpenicker Jugendlichen und eines Ferienspielplatzes während der Ferienlageraktion) dringend benötigt werde und kündigte das Vertragsverhältnis zum 31. März 1956. Damit begann ein erbitterter Kampf der Natur- und Heimatfreunde zur Aufrechterhaltung des Pachtvertrages für ihre Hütten. Die Bemühungen blieben jedoch erfolglos und die Grottewitz-Hütten gingen zum Juni 1956 entschädigungslos an die Kreisleitung der Freien Deutschen Jugend in Berlin-Köpenick über, die dort eine Touristenstation der Kinderorganisation „Junge Pioniere" einrichtete. Die Station unterstand als Wanderstützpunkt direkt dem „Pionierpark Ernst Thälmann" in der Wuhlheide und wurde als „Station Junger Naturforscher" genutzt.

Die neue Einrichtung „Ausflugs- und Erholungsgebiet Berlin-Köpenick" übernahm als kommunale Erholungseinrichtung des Stadtbezirks Köpenick ab 1968 die zentrale Verwaltung aller Ost-Berliner Campingplätze, der Freibäder sowie der kommunalen Bootshäuser und Touristenunterkünfte im Südosten Berlins. Mit der neu geschaffenen Zeltplatzvermittlung und dem zentral geleiteten Aufbau aller Ferien- und Freizeiteinrichtungen im Müggelspree-Gebiet wurden nun auch die Grottewitz-Hütten der Verwaltung des Stadtbezirks entschädigungslos unterstellt,[17] die ebenfalls mit dem Aufbau eines zentralen Jugendcampingplatzes an der Großen Krampe begann. Bereits 1972 besaß der Jugendcampingplatz Krampenburg am dortigen Westufer eine Kapazität von 750 Personen im eigenen Zelt (für Personen von 16 bis 30 Jahren und für Gruppenreisen) sowie von 150 Personen in Leihzelten und 80 Personen in Hausbooten, so genannten schwimmenden Bungalows.[18] Die ehemaligen Grottewitz-Hütten wurden als Wohnunterkünfte durch die Zeltplatzleitung genutzt.

---

17 Vgl. dazu allgemein Erich Hobusch: „Vereinbarungen zur gemeinsamen Nutzung der Berliner Wald- und Seenlandschaft für Erholung und Jagd", in: *Unsere Jagd* 20 (1970), S. 237f.; ders.: „Einige Grundfragen der Kooperationsbeziehungen bei der landeskulturellen Erschließung von Erholungsgebieten", in: *Naturschutzarbeit in Berlin und Brandenburg* 9 (1973), S. 9-14; ders.: „Informationen über die Entwicklung des Ausflugs- und Erholungsgebiets Berlin-Köpenick in den Jahren 1972-1978", in: *Informationsbroschüre – Rat des Stadtbezirks Köpenick – Ausflugs- und Erholungsgebiet*, Berlin 1979, S. 20.

18 Erich Hobusch/Autorenkollektiv: *Der grüne Ring. Erholungsgebiete in und um Berlin*, Berlin 1973, S. 82.

Im August 1976 erfolgte die offizielle Umbenennung des Jugendcampingplatzes in „Kuhle Wampe". Darüber berichtete die FDJ-Zeitung *Junge Welt*: „Den Film *Kuhle Wampe oder Wem gehört die Welt* konnten die jungen Feriengäste, die auf dem Jugendcampingplatz weilten, am Vorabend der Namensgebung erleben. Zu den 8.700 Gästen, die bisher in diesem Jahr auf dem Campingplatz weilten, gehören FDJ-Kollektive, Jugendbrigaden aus allen Bezirken unserer Republik, viele junge Ehepaare mit Kindern sowie ‚Jugendtourist'-Reisegruppen."[19] Im Jahr 1979 gab es insgesamt 5.213 Dauercamper auf den 12 Berliner Campingplätzen, wobei die soziale Zusammensetzung statistisch folgendermaßen aussah: 31,3 % Arbeiter (1.632 Personen), 21,3 % Angestellte (1.113 Personen), 8,0 % Akademiker (418 Personen), 6,4 % Rentner (338 Personen), 11,0 % Kiner unter 6 Jahren (565 Personen), 15,3 % Schüler (798 Personen), 4,4 % Lehrlinge (224 Personen) und 2,3 % Studenten (125 Personen).[20]

Mit dem weiteren Ausbau des Campingplatzes zum Jugenderholungszentrum erfolgte der Aufbau von Blockhäusern für junge Familien sowie für Reisegruppen. Weitere Hausboote wurden angeschafft und die Bucht der Krampe in den Campingplatz mit einbezogen. An der Liegewiese vor den Grottewitz-Hütten baute man ein Zeltkino, in dem neben anderen auch der Film *Kuhle Wampe* mehrmals im Monat gezeigt wurde. Der Film, der im Sommer 1931 unter Mitwirkung von 4.000 Berliner Arbeitersportlern vorwiegend am Kleinen Müggelsee gedreht worden war, erzählt bekanntlich die Geschichte einer Arbeiterfamilie, die in materielle Not gerät, keine Miete mehr zahlen kann, in das Zeltlager des Arbeitersportvereins „Kuhle Wampe" am Südufer des Müggelsees zieht und in der Solidarität mit anderen proletarischen Familien neues Selbstvertrauen gewinnt. Der Film zeigte jedoch keine Szenen vom Gelände der Grottewitz-Hütten, da die Mitwirkenden ausschließlich aus kommunistischen Arbeitersportverbänden kamen.[21] Eine weitere Reportage über den Ju-

19 Karl-Heinz Friedrich: „Kuhle Wampe", *Junge Welt* 27. August 1976.

20 Erich Hobusch: „Das Erholungspotential der Müggelseelandschaft und seine territoriale Mehrfachnutzung", in: *Geographische Berichte* 99 (1981), S. 99-114.

21 Vgl. hierzu auch den Dokumentarfilm „Kuhle Wampe. Die Geschichte eines Arbeitersportvereins am Berliner Müggelsee", Produktion des Senders Freies Berlin; Erstsendung am 22.10.2002. RBB BERLIN Fernseharchiv Nummer 238894. Der Film nimmt bewusst Bezug auf den Film *Kuhle Wampe oder Wem gehört die Welt*, der im März 1933 von den Nazis verboten wurde. Der neue Film erzählt die legendäre und von Legenden nicht freie Geschichte der „Kuhlen Wampe" vor dem historischen Hintergrund vom Ende der Weimarer Republik bis heute. Der richtige Standort des Arbeiterzeltlagers „Kuhle Wampe" am Südufer des Müggelsees (1913-1936) wird gezeigt und kontrastiert mit dem heutigen Zeltlager gleichen Namens an der Großen Krampe. Leider blieben das Werk von Curt Grottewitz und die Geschichte der Grottewitz-Hütten dabei unberücksichtigt.

gendcampingplatz „Kuhle Wampe“ sendete der Berliner Rundfunk am 23. Juli 1985, wobei das Leben und die Aktivitäten der Zelter im Mittelpunkt standen.

Mit der Wende im November 1989 begann ein weiterer Abschnitt in der Nutzung der Grottewitz-Hütten. Nach den nun geltenden bundesdeutschen Camping- und Waldgesetzen wurden die Zeltplatzordnungen der DDR ungültig und alle Campingplätze im Köpenicker Waldgebiet sollten geschlossen werden. Die Dauerzelter des Zeltplatzes Seddinsee II mussten bereits im Sommer 1990 ihren Zeltplatz am Seddinsee räumen und wehrten sich dagegen. Sie gründeten zunächst den „Zeltsportverein Seddiner Zelter Köpenick e.V.“ (ZSV) und übernahmen den Jugendcampingplatz an der Großen Krampe. Ferner kam es am 29. Januar 1991 in Berlin-Mitte zu einer großen Protestveranstaltung, an der insgesamt über 5.000 Berliner Zelter teilnahmen, darunter auch die Mitglieder des ZSV. Sie alle sprachen sich gegen die Schließung der Köpenicker Zeltplätze aus. Ihr Protest war durchaus erfolgreich, denn die Senatsverwaltung entschied, dass der Zeltsportverein den Campingplatz „Kuhle Wampe“ im Mai 1991 mit der notariellen Eintragung ins Vereinsregister übernehmen konnte. In diesem Zusammenhang wurde von der Senats-Forstverwaltung ein neuer Pachtvertrag für die Zeltgemeinschaft „Kuhle Wampe e.V.“ ausgefertigt, der neben dem ZVS auch die Vereine „SG Hohenschönhausen, Abteilung Zelten und Wasserwandern“ und der „Krampenburger Wasser- und Naturfreunde e.V.“ angehören.[22] Im Dezember 1991 erwarb der ZVS die Konsum-Verkaufsstelle, das Fährhaus sowie die Holzhütten. Alle anderen baulichen Anlagen wie Sozialgebäude, technische Einrichtungen und die Grottewitz-Hütten wurden dem Verein unentgeltlich zur Nutzung und Instandhaltung überlassen.

Der Senatsbeschluss ist insofern von Bedeutung, als damit zum dritten Mal die beiden historischen Grottewitz-Hütten nicht den rechtmäßigen Eigentümern, nämlich den Köpenicker Naturfreunden, übertragen wurden.[23] Immerhin erfolgte die Renovierung und sie werden weiterhin

22 Die Pacht der Flächen betrug bis 1951: 150 Mark (DDR), bis 1956: 1.050 Mark (DDR), danach zahlte die Einrichtung Ausflugs- und Erholungsgebiet Köpenick bis 1989 keine Pacht an die Forstverwaltung. Ab 1997 betrug die Pacht 30.000 DM jährlich, im Jahr 2004 betrug sie 21.000 € (lt. Unterlagen des „Zeltsportvereins Seddiner Zeltler, Köpenick e.V.“). Ich danke Norbert Henkel für die Auswertung der Dokumente.

23 Lt. Schreiben vom 3. August 1990 von Erich Hobusch, Vorsitzender des Touristenverbands „Die Naturfreunde“, Landesverband Berlin-Brandenburg, an den Leiter der Einrichtung Ausflugs- und Erholungsgebiet Köpenick. – Vgl. hierzu auch Wolfgang Bagger: „Erzählcafé ‚Naturfreunde anno dunnemals‘. Zur Geschichte der Berliner Naturfreunde“, in: *Grüner Weg 31a* 12 (1998), S. 8-12; ders.: „Die Naturfreunde in der Wiedervereinigung.

als Unterkünfte der Zeltplatzverwaltung genutzt. Insgesamt steht den Vereinen eine Fläche von 3,1 Hektar zur Verfügung, wovon 5.600 Quadratmeter Sportflächen und 20.629 Quadratmeter Freiflächen sind, auf denen bei Bedarf weitere Zelte aufgestellt werden können.

Nach rund 100 Jahren höchst wechselvoller Geschichte, andauernden Bedenken hinsichtlich der Überalterung des Baumbestands und behördlichen Bemühungen zur langfristigen Erhaltung des Camping- und Zeltplatzes lässt sich sagen,[24] dass sich an dem von Curt Grottewitz in seinem Buch *Der Wald* (1907) festgestellten „Bedürfnis nach Bade-, Luftkur- und Vergnügungsorten" der Menschen bis heute nichts geändert hat. Ob dadurch jedoch der „Wald an vielen Stätten einen ganz ungeheuren neuen Wert bekommen" hat,[25] wie er mit hoffnungsvollem und zugleich kritischem Blick auf die Entwicklung der bürgerlichen Erholungsgebiete bemerkte, sei vor allem hinsichtlich ökologischer Nachhaltigkeitsideale dahingestellt. Trotz allem kann der historische Ort an der Großen Krampe in Berlin-Müggelheim als typisches Beispiel gelten, wo im Sinne von Grottewitz über Generationen hinweg viele „großstädtische Arbeiter in der Natur" ihre Freizeit verlebten.

Hoffnungen, Fakten und Realitäten der Jahre 1986 bis 1996", in: *Studienarchiv Umweltgeschichte*, Berlin 1997, S. 45-48.

24 Vgl. hierzu die Nachricht in der *Berliner Zeitung* vom 13. Februar 2004, S. 21: Auf Antrag der SPD-Fraktion im Bezirksparlament soll das Bezirksamt prüfen, ob die drei Dauerzeltplätze (Kuhle Wampe – Zeuthen I und Große Krampe I und II) langfristig gesichert werden können. Die Waldflächen sollen offiziell von Berliner Forsten übernommen und mit Hilfe eines Bebauungsplanes durch den Bezirk gesichert werden. Bei dem Platz „Kuhle Wampe" südlich des Ortsteiles Müggelheim soll der westliche Teil aufgegeben werden, da er in der Wasserschutzzone 2 liegt.

25 Curt Grottewitz: *Unser Wald. Ein Volksbuch*, Berlin 1924, S. 8.

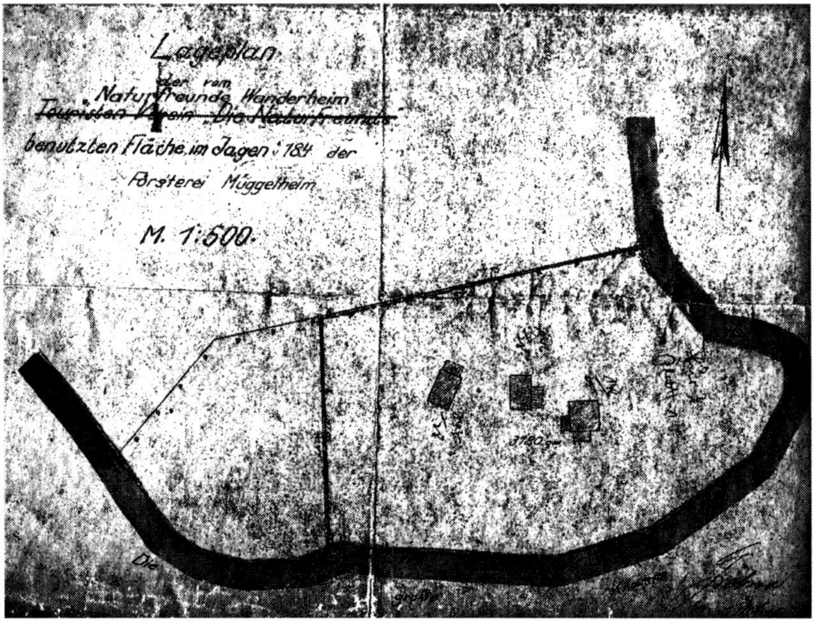

Lageplan des Jagens 184 mit dem Pachtgelände des Touristen-Vereins „Die Naturfreunde“, Ortsgruppe Köpenick, aus dem Jahre 1928 im Maßstab 1 : 500 angelegt. Dieser Plan wurde von der Forstverwaltung 1948 wieder als Vertragsgrundlage für den neuen Nutzungsvertrag übernommen, der nun auf die „Naturfreunde Wanderheim GbR“ übergegangen ist.

Fischerhütte der Köpenicker Fischer, um 1890. Rechts im Vordergrund ein „Flaschenbaum" mit den leeren Bier- und Schnapsflaschen; geschlafen wurde auf dem Heuboden unterm Dach.

Köpenicker Fischerhütte an der Krampenburg, um 1910. „Wiese mit der historischen Fischerhütte", davor Netze und Reusen zum Trocknen; im Hintergrund der Turm der Gaststätte Krampenburg (Ansichtspostkarte).

Die Grottewitz-Hütten, Juli 1929. Die alte Steinhütte (ehem. Fischerhütte) mit der angebauten Kochstelle; dahinter die neue Holzhütte für die Frauen.

Umgebaute Steinhütte mit Aufenthaltsraum, oben die „Schnarch- und Schlafstätten der Männer", um 1932.

Arbeitsgemeinschaft Fotografie auf Fotopirsch.

An den Grottewitz-Hütten führten die Köpenicker Naturfreunde im Winter1928/1929 die ersten Ski-Lehrgänge und Langlaufübungen durch.

Arbeitsgemeinschaft Fotografie der Köpenicker Naturfreunde, 1930.

Küchenhütte, 1933.

Köpenicker Naturfreunde mit der Musikgruppe auf dem Gelände des Zeltplatzes vor den Grottewitz-Hütten, Maifeier 1931.

Ein Ständchen vor der Küchenhütte, im Hintergrund die Grottewitz-Steinhütte, um 1932.

Auf dem Zeltplatz der Wasserwanderer, 1929.

Die Frauen der Ortsgruppe Kopenick stickten das Emblem ihrer Fahne 1928 (vgl. S. 161 in diesem Band).

Von Grete Schostag gestickter Ärmelaufnäher für die Windjacke, 1930.

Fotos zum Film „Kuhle Wampe oder Wem gehört die Welt", 1932.
Text: Bertolt Brecht, Musik: Hanns Eisler, Regie: Slatan Dudow.

Paul Schostag (1912-1996). Übergab seine Unterlagen über die Ortsgruppe Köpenick der Natur- und Heimatfreunde sowie zur Geschichte der Grottewitz-Hütten dem Archiv des LV Berlin der Naturfreunde als „Sammlung Schostag".

Grottewitz-Hütten, Frühjahrsputz der Natur- und Heimatfreunde Köpenick, Februar 1957.

Auf dem Jugendcampingplatz 1958.

Franz Maspfuhl bei der Ansprache am Grab von Curt Grottewitz auf dem Alten Gemeindefriedhof in Müggelheim, 18. Juli 1947.

Hausboote an der Großen Krampe, September 2003.

Eingangsschild zum Zeltplatz „Kuhle Wampe", 2004.

Grottewitz-Hütte 2 auf dem Zeltplatz „Kuhle Wampe", 2003.

Grottewitz-Hütte 1: Verwaltungsgebäute und Unterkunft des Zeltplatzleiters vom Platz „Kuhle Wampe", 2003.

Heimatkundliche Wanderung der Köpenicker Natur- und Heimatfreunde mit dem Revierförster, 1960.

Grottewitz-Wanderung am 10. Juni 2001.

Martin Jahn / Erich Hobusch

Curt-Grottewitz-Gedenkwanderungen

Dass Curt Grottewitz vielen Wander- und Naturfreunden noch immer ein Begriff ist, verdankt er sehr wesentlich Heinz Hentschke,[1] der anlässlich des 100. Geburtstags eine Broschüre über das Werk des Schriftstellers verfasste[2] und obendrein ab 1966 zusammen mit dem Dorfklub Müggelheim und der Sportgemeinschaft „Empor-Köpenick“ die jährlichen „Curt-Grottewitz-Gedenkwanderungen“ organisierte. Der Start der in verschiedenen Routen veranstalteten Wanderungen erfolgte stets am ehemaligen Wohnhaus (Alt Müggelheim 15) und führte zunächst zum Alten Dorffriedhof an der Großen Krampe, wo die Wanderer an Grottewitz' Ehrengrab Blumen ablegten. Danach gingen sie auf Rundstrecken von 5, 10 oder 25 Kilometer. Fast alle Routen führten am westlichen Uferweg der Großen Krampe entlang, der offiziell in „Grottewitz-Wanderweg“ umbenannt wurde.[3] An den Grottewitz-Hütten auf dem Zeltplatz wurde Rast eingelegt.

An der Wanderung am 17. Juli 1988 nahmen erstmals auch West-Berliner Naturfreunde teil. An der größten Hütte wurde eine Tafel mit der Aufschrift „Grottewitz-Hütte“ enthüllt. Weitere Tafeln vermitteln Einblicke in die Geschichte des Arbeiterwanderns. Von Juni bis September 1988 fand im Auftrage der Gesellschaft für Natur und Umwelt (GNU) im Museum für Naturkunde Berlin die Ausstellung „Im Bund mit Natur und Umwelt. Natur in der Stadt – Stadt in der Natur“ statt. Unter dem Slogan „Naturfreunde in Aktion“ wurden hierbei Informationen über den Berliner Arbeiter-Wanderer-Bund (A.W.B., bekannt als „Rotes-N“) sowie über die Köpenicker Ortsgruppe des Touristenverbandes „Die Naturfreunde“ und die Grottewitz-Hütten in Dokumenten und Fotos vorgestellt.[4] In diesem Zusammenhang wurde auch vereinbart, die Forschungs-

1 Heinz Hentschke (1904-1993), Schriftsetzer, Mitglied im Arbeiter-Wanderbund „Naturfreunde", war bereits kurz nach dem Ersten Weltkrieg mit dem Werk von Curt Grottewitz in Berührung gekommen und setzte sich als Ortschronist von Müggelheim für sein Erbe ein. Vgl. dazu auch Heinz Hentschke: *Moor und Heide ringsumher. Erinnerungen*, Berlin 1990.

2 Heinz Hentschke: *Dr. Curt Grottewitz. Hinweise, Fakten, Informationen* 2 (1981), hrsg. vom Bezirksfachausschuss des Deutschen Verbandes für Wandern, Bergsteigen und Orientierungslauf der DDR.

3 Vgl. „Grottewitz zu Ehren“, *Berliner Zeitung* 16. Juli 1966.

4 Vgl. Erich Hobusch: *Im Bund mit Natur und Umwelt. Natur in der Stadt – Stadt in der Natur*, Ausstellungsbroschüre, Berlin 1988.

arbeit über die Geschichte der Arbeiterwanderbewegung in Berlin zu koordinieren, über gemeinsame Veranstaltungen zu „80 Jahren Naturfreunde in Berlin" zu beraten und persönliche Erfahrungen der Naturfreunde aus Ost- und West-Berlin auszutauschen. Zu diesem Thema wurde am 20. Januar 1990 im Karl-Renner-Haus das erste Erzählcafé „Naturfreunde anno dunnemals" veranstaltet, bei dem die Köpenicker Naturfreunde Paul Schostag und Heinz Hentschke über Curt Grottewitz berichteten.[5]

Im Rahmen der europaweiten Aktionen anlässlich des von der UNO deklarierten „Tag der Umwelt" am 5. Juni 2000 startete in Köpenick die Kampagne der NaturFreunde-Internationale (NFI) „Grüne Wege für die Zukunft".[6] Im Mittelpunkt dieser umfassenden Kampagne stehen ökologische und soziale Gesichtspunkte, die die Erschließung und Gestaltung von Kultur- und Naturwanderwegen ebenso beinhalten wie die Erarbeitung von Möglichkeiten zur Einbeziehung der Öffentlichkeit. Eine große Rolle spielt dabei die literarische Tradition im Stadtbezirk Köpenick, wo neben anderen auch der Friedrichshagener Dichterkreis die Schönheit der Landschaft um den Müggelsee in seinen Publikationen pries. Eine besondere Ehrung erfuhr an diesem Tag selbstverständlich Curt Grottewitz, dessen Arbeit und Wirken mit einem Vortrag über seine ökologischen Naturkonzepte im Bezirksverordnetensaal des Köpenicker Rathauses gefeiert wurde.[7] Um das Grottewitz'sche Erbe bemühen sich heutzutage aktiv die Naturfreunde-Gruppe Berlin-Friedrichshagen und der Dorfklub Müggelheim,[8] die in den letzten Jahren die Kennzeichnung des Grottewitz-Wanderwegs übernahmen, zahlreiche Lehrtafeln aufstellten und darüber hinaus mehrere Biotope anlegten, um die Erhaltung der Artenvielfalt von Fauna und Flora zu gewährleisten.

---

5 Vgl. hierzu Wolfgang Bagger: „Erzählcafé ‚Naturfreunde von anno dunnemals'. Zur Geschichte der Berliner Naturfreunde", in: *Grüner Weg 31a* 12 (1998), S. 8-12.

6 Vgl. Erich Hobusch: „Grüne Wege für die Zukunft – Aktionstag zum Internationalen Tag der Umwelt 2000", in: *Informationsblatt ‚Lokale Agenda' Köpenick* 3 (2000), S. 8; ders.: „‚Grüne Wege' in Müggelheim – Betreuung des Dr. Curt-Grottewitz-Wanderwegs", in: *Der Wanderfreund* 51.3/4 (2000), S. 8-10.

7 Ders.: „Am Wandertag auf die Müggelberge – Naturfreunde-Kampagne ‚Grüne Wege für die Zukunft' startet in Köpenick", in: *Berliner Abendblatt – Köpenick* 31. Mai 2000, S. 5.

8 Im Rahmen des jährlichen Müggelheimer Angerfests wird auch Curt Grottewitz dargestellt, um an seine Arbeit zu erinnern. Vgl. dazu die verschiedenen Beiträge in *Das Müggelheim-Buch. Landschaft-Geschichte-Personen*, hrsg. vom Müggelheimer Heimatverein, Berlin 1997.

Ehemaliges Wohnhaus der Familie Grottewitz am Dorfanger, Foto um 1960.

Einweihung der Tafel für den „Dorfklub Müggelheim" an der Alten Schule am Dorfanger 1966; ab 1980 übernahm dann der Dorfklub das Gebäude.

Heinz Hentschke und Erich Hobusch vor der Gedenktafel, 1991.

Grottewitz-Wanderweg-Beschriftung von 1966, Foto 1981. Danach Umstellung auf die einheitliche Wegemarkung Grüner Balken auf weißem Grund, 10 x 10 cm.

Müggelheimer Angerfest, 25. Juni 1987. An der Spitze des Festzuges: Generalleutnant Dr. Johann Jacob Baeyer, der Naturfreund Dr. Grottewitz mit Gattin sowie der Nachtwächter.

Angerfest 1992. Peter Genzler führt mit der Ziege „Amalie" den Festzug an.

LOKALE AGENDA KÖPENICK
Informationsblatt *Nr. 3 / 2000*

Grüne Wege für die Zukunft

Aktionstag zum Internationalen Tag der Umwelt 2000

Im Rahmen der europaweiten Aktionen anlässlich des von der UNO deklarierten „Tages der Umwelt" am 5. Juni 2000 starten wir in Köpenick die NaturFreunde-Kampagne „Grüne Wege für die Zukunft" der NaturFreunde-Internationale (NFI). Die internationale Projektgruppe rief alle regionalen Naturfreundegruppen auf, gemeinsame Aktionen zu organisieren, um „Grüne Wege für die Zukunft" zu erschließen. Im Mittelpunkt dieser Kampagne stehen ökologisch-soziale „Wege, die verbinden". Viele dieser Wege verbinden bereits Stadt und Land, den menschlichen Le-

bensraum mit der Natur. Mit der Erschließung und Gestaltung von ökologischen Kultur- und Natur-Themenwanderwegen bietet sich neue Möglichkeiten, breite Kreise der Öffentlichkeit einzubeziehen.

In Köpenick können wir diesbezüglich auf eine gute Tradition zurückblicken. Bereits vor 100 Jahren haben sich in Friedrichshagen und Müggelheim Einwohner bemüht, die Schönheiten Ihrer Landschaft um den Müggelsee für den Tourismus zu entdecken, aber gleichzeitig sich für den Schutz und eine sinnvolle Erschließung der heimatlichen Landschaft einzusetzen. Im Friedrichshagener Dichterkreis wurde dies einst nicht nur diskutiert und publiziert, sondern auch auf zahlreichen Spaziergängen und Wanderungen mit Wilhelm Bölsche am Müggelsee entlang praktiziert. In Müggelheim war es vor allem Dr. Curt Grottewitz (Bild), der sich mit den ökologischen Zusammenhängen und Einsichten sowie mit den politisch-ökonomischen Forderungen der „kurzsichtigen Raubwirtschaft" der damaligen Zeit heftig auseinander setzte. In seinem Werk „Unser Wald", „Der Mensch als Beherrscher der Natur" oder in seinem Buch „Sonntage eines großstädtischen Arbeiters in der Natur" stellt Grottewitz die Liebe zur Natur in den Mittelpunkt seiner Betrachtungen zur Kulturgeschichte der jungen Ökologiebewegung. Leider verstarb der Schriftsteller bereits 1905 durch einen tragischen Unglücksfall an der Großen Krampe.

Die Köpenicker Naturfreunde ehrten Grottewitz und benannten bereits 1928 ihr Naturfreundehaus an der Großen Krampe „Grottewitz-Hütten" und führten alljährlich Gedenkwanderungen durch, die seit 1966 vom Müggelheimer Dorfclub mit organisiert wurden. Der Dr.-Curt-Grottewitz-Wanderweg führt von Müggelheim zur Großen Krampe; der Bölsche-Wanderweg von Friedrichshagen, den Nordufer des Müggelsees entlang bis Rahnsdorf. Seit Jahren sind beide Wanderwege als markierte grüne Routen viel besucht.

Im Rahmen der Bundeswandertage der Deutschen NaturFreunde, die in diesem Jahr in Berlin stattfinden, wird am Freitag, dem 2. Juni 2000 um 11.00 Uhr die 40. Dr.-Curt-Grottewitz-Gedenkwanderung in Müggelheim gestartet (Treffpunkt an der Kirche).

Zu einem Festvortrag am Montag, den 5. Juni, um 19.00 Uhr im Bezirksverordnetensaal des historischen Köpenicker Rathauses laden die NaturFreunde Friedrichshagen, das Umweltamt Köpenick, der Dorfclub Müggelheim sowie das Heimatmuseum Köpenick alle Interessenten zur Eröffnung der Kampagne „Grüne Wege für die Zukunft" für Berlin ein. Dazu konnte Dr. Peter Morris-Keitel, Germanist an der Bucknell University Lewisburg, Pennsylvania (USA) gewonnen werden, der in seinem Vortrag zum Wirken von Dr. Curt Grottewitz (1866 - 1905) in Müggelheim sprechen wird. Gäste sind herzlich eingeladen, denn die Natur braucht viele Freunde – NaturFreunde.

Erich Hobusch
Berlin-Friedrichshagen

Anregungen, Kritiken, Meinungen und Informationen zum Thema Umwelt und Entwicklung in Berlin-Köpenick sowie zu den Beiträgen des Informationsblattes sind herzlich willkommen. Ihre Leserbriefe senden Sie bitte an das Bezirksamt Köpenick von Berlin, Abteilung Jugend und Umwelt, Lokale Agenda Köpenick, Freiheit 16, 12555 Berlin.

UMWELT & ENTWICKLUNG

Seite 8

Die in den namentlich gekennzeichneten Beiträgen vertretenen Meinungen der Autoren widerspiegeln nicht in jedem Fall die Haltung des Bezirksamtes. Gelegentliche Änderungen und/oder Kürzungen sind redaktionell bedingt und werden mit den Autoren grundsätzlich abgestimmt. Die Beiträge der Autoren sind in alter oder in neuer Rechtschreibung verfasst.

Redaktionsschluss dieser Ausgabe: 9. Mai 2000

Gedruckt auf 100% Umweltpapier

Sie erhalten das Informationsblatt kostenlos beim Umweltamt Köpenick, Lindenstraße 34, Telefon 6 57 18 92

Zum Internationalen Tag der Umwelt 2000 unter dem Motto „Grüne Wege für die Zukunft" begrüßen Die NaturFreunde, Gruppe Friedrichshagen des Landesverbandes Berlin, Dr. Peter Morris-Keitel, Germanist an der Bucknell University Lewisburg, Pennsylvania (USA).

**Montag,
5. Juni 2000,
um 19 Uhr
im BVV-Saal des
Köpenicker Rathauses**

Der amerikanische Wissenschaftler wird in einem Festvortrag „Gesamtansichten der Natur" über das Leben des Müggelheimer Schriftstellers Dr. Curt Grottewitz (1866 - 1905) sprechen. Die Veranstaltung findet am Montag, dem 5. Juni 2000, um 19 Uhr im BVV-Saal des Köpenicker Rathauses statt. Weitere Veranstalter sind das Heimatmseum Köpenick, das Umweltamt Köpenick sowie der Dorfclub Müggelheim.

Erich Hobusch / Peter Morris-Keitel

Publikationen des Max Curt Pfütze/Kurt Zepka/Curt Grottewitz

Max Curt Pfütze:

Die Sprache in J.M.R. Lenzens Dramen, Braunschweig: Westermann 1890 (auch in: *Archiv für das Studium der neueren Sprachen und Litteraturen* 44 (1890) Bd. 85, S. 129-202

Aufsätze unter dem Pseudonym **Kurt Zepka**:

„Ein Fiasko und seine Folgen", in: *Frankfurter Zeitung* 18. Dezember 1898

„Der Boden auf dem du lebst", in: *Die Hütte. Zeitschrift für das Volk und seine Jugend* 1. Aprilheft 1902, S. 10-12; 2. Aprilheft 1902, S. 43-45; 1. Juniheft 1902, S. 127-130; 1. Juliheft 1902, S. 261-262; 2. Oktoberheft 1902, S. 414-417; 1. Novemberheft 1902, S. 439-444

„Aus den Tiefen des Weltmeeres", in: *Die Hütte. Zeitschrift für das Volk und seine Jugend* Dezemberheft 1902, S. 215

„Aussterbende Tiere", in: *Die Hütte. Zeitschrift für das Volk und seine Jugend* 1. Märzheft 1903, S. 685-687

„Meeresforschung und Meeresleben", in: *Die Hütte. Zeitschrift für das Volk und seine Jugend* 1. Juniheft 1903

Curt Grottewitz:

a. Literaturkritik

Sonnenaufgang! Die Zukunftsbahnen der Neuen Dichtung, Leipzig: Reißner 1890 (mit Alexander Lauenstein [d.i. Alexander Tille])

Hie gläubig, hie modern! Modernisierung der zehn Gebote. Eine Scheidung der Geister, Berlin: Conitzer 1892

Die Zukunft der deutschen Literatur im Urteil unserer Dichter und Denker. Eine Enquete, Berlin: Hochsprung 1892

b. Romane

Neues Leben, Berlin: Lehmann 1890

Eine Siegernatur. Moderner Roman, Berlin: Hochsprung 1892

Jugendstürme, Leipzig: Elischer Nachf. 1894

c. Naturhistorische Werke

Die Naturgeschichte im 19. Jahrhundert, Berlin: Aufklärung/Sozialistische Monatshefte 1902

Sonntage eines großstädtischen Arbeiters in der Natur, Berlin: Vorwärts 1906 (hrsg. von Wilhelm Bölsche), ab der 4. Aufl. 1913 Titeländerung: *Sonntage eines Großstädters in der Natur*

Unser Wald. Ein Volksbuch, Berlin: Vorwärts 1907 (hrsg. von Wilhelm Bölsche)

Der Mensch als Beherrscher der Natur, Berlin: Der Bücherkreis 1928 (mit Wilhelm Bölsche)

d. Aufsätze

„Wie kann sich die moderne Literaturrichtung weiter entwickeln?“ in: *Das Magazin für Litteratur* 59 (1890), S. 585-587. – Wieder abgedruckt in: *Die literarische Moderne. Dokumente zum Selbstverständnis der Literatur um die Jahrhundertwende*, hrsg. von Gotthart Wunberg, Frankfurt/Main 1971, S. 58-62

„Où est Schopenhauer? Zur Psychologie der modernen Literatur“, in: *Das Magazin für Litteratur* 59 (1890), S. 769-771. – Wieder abgedruckt in: *Die literarische Moderne. Dokumente zum Selbstverständnis der Literatur um die Jahrhundertwende*, hrsg. von Gotthart Wunberg, Frankfurt/Main 1971, S. 63-68

„Neuer Stil und neue Schönheit“, in: *Das Magazin für Litteratur* 60 (1891), S. 85-87. – Wieder abgedruckt in: *Die literarische Moderne. Dokumente zum Selbstverständnis der Literatur um die Jahrhundertwende*, hrsg. von Gotthart Wunberg, Frankfurt/Main 1971, S. 83-87

„Die Überwindung des Milieus“, in: *Das Magazin für Litteratur* 60 (1891), S. 455-457

„Drei moderne Typen (Hermann Bahr, Johannes Schlaf, Ola Hansson)“, in: *Das Magazin für Litteratur* 60 (1891), S. 694-697

„Nietzsches Herrenmoral und die Naturwissenschaft“, in: *Das Magazin für Litteratur* 66 (1897), S. 1519-1524

„Das Liebesleben in der Natur“, in: *Die Zeit* 26 (1901), S. 165

„Der Abhang“, in: *Der Wanderfreund* 3.3 (1911), S. 21-22

„Die Schönheit der Buche“, in: *Der Wanderfreund* 3.4 (1911), S. 30-31

„Die Wassernuss“, in: *Der Wanderfreund* 3.6 (1911), S. 47

„Pflanzliche Produkte der Vorzeit“, in: *Der Wanderfreund* 5.6 (1913), S. 46-47 und *Der Wanderfreund* 5.7 (1913), S. 50-51

„Der Gänsejunge“, in: *Der Wanderfreund* 6 (1914/15), S. 30-31, 39-40

„Tierische Produkte der Vorzeit“, in: *Der Wanderfreund* (August 1919), S. 34-35

„Märzsonne in der Mark“, in: *Familien-Kalender – Neues Deutschland* 1948, S. 59-62

„Wer war Grottewitz?“, in: *Berliner Zeitung* 12. Juli 1995, S. 21

„Nietzsche. Also sprach Clara Thustra!“, in: *Berliner Zeitung* 25. August 2000, S. 17

Verzeichnis der Mitarbeiter

Willi Bulan (1888-1970), Möbeltischler, Angestellter im Gemeinde- und Staatsarbeiter-Verband, 1910 bis 1923 Mitglied im Arbeiter-Wanderbund „Die Naturfreunde", 1923 bis 1933 Mitglied im Touristenverein „Die Naturfreunde", dort ab 1925 im Gau Brandenburg-Pommern 1. Vorsitzender, ab Sommer 1945 im Berliner Magistrat Mitarbeiter des Hauptsportamts, ab 1950 Sekretär für Natur und Heimat im Kulturbund der DDR. Aufsätze u.a. zur Brandenburger Regionalgeschichte, zum Arbeiterwandern und zur Kulturgeschichte der Naturfreunde.

Arnold Hankel, Pädagogikstudium, 1967 bis 1971 Fachlehrer für Biologie und Chemie, seit 1971 Leiter des Lehrkabinetts Teufelssee.

Erich Hobusch, Fachlehrer für Geographie, Museumsdirektor, seit 1980 Sachbuchautor in Berlin-Friedrichshagen, Veröffentlichungen zur Kulturgeschichte der Jagd, des Natur- und Landschaftschutzes sowie zur Regionalgeschichte, u.a. *Das große Halali* (1978), *Kriminalkommissar Otto Busdorf – Sein letzter Fall* (2002), *Georg Schläfke – Wildererkönig der Schorfheide* (2003), Reiseführer *Brandenburg & Berlin* (2003).

Martin Jahn, Maschinenschlosser, Kunstschmied, Diplom-Formgestalter, Pressezeichner und Designer, Vorsitzender des Müggelheimer Heimatvereins e.V.

Peter Morris-Keitel, Germanist an der Bucknell University in Lewisburg, Pennsylvania (USA), Veröffentlichungen u.a. *Literatur der deutschen Jugendbewegung. Bürgerliche Ökologiekonzepte zwischen 1900 und 1918* (1994), *Ökologie und Literatur* (2000, hrsg. mit M. Niedermeier), Aufsätze zu Robert Havemann, Günter Grass, Hans Paasche, Karl Marx, Gudrun Pausewang, sowie zur Klimakatastrophe, zur Friedensbewegung und zum ökologischen Engagement in der Gegenwartsliteratur.

Michael Müller, Diplom-Betriebswirt, seit 1983 Abgeordneter des Deutschen Bundestags, 1993 bis 1998 umweltpolitischer Sprecher der SPD-Bundestagsfraktion, seit 1998 stellvertretender Vorsitzender der SPD-Bundestagsfraktion, Bundesvorsitzender der NaturFreunde Deutschland, Veröffentlichungen u.a. *Die Klimakatastrophe* (mit P. Hennicke, 1989), *Rettet den Tropenwald!* (hrsg. mit M. Etzbach u. J. Spangenberg, 1991), *Der Ausstieg ist machbar. Eine sichere Energieversorgung ohne Atomkraft* (1999), *Mehrheiten mit Links* (mit G. Erler, A. Nahles u. L. Stiegler, 2002).

Claus-Dieter Sprink, Diplom-Ingenieur, seit 1991 Direktor des Heimatmuseums Köpenick, Leiter mehrerer Ausstellungen zur Geschichte des Bezirks Köpenick, Veröffentlichungen u.a. *Köpenick – Ein Bezirk von Berlin* (1991), *Köpenick wie es früher war* (1998), *Berlin-Köpenick auf historischen Ansichtskarten* (2000).

Verzeichnis der Abbildungen

Archiv des Historischen Beirates der NaturFreunde, LV Berlin: S. 79, 80 85, 145.

Archiv Hobusch:
Fotos aus dem Besitz von Heinz Hentschke: S. 113, 114, 115, 154, 173, 183, 184.

Fotos aus dem Besitz von Grete Schostag: S. 145, 158, 160, 168, 170, 171, 172, 173, 176, 177, 180.

Fotos aus der Dokumentation Geschichte A.W.B. von E. Hobusch: S. 78, 114, 129, 130, 131, 142, 143, 156, 170, 175, 177.

Fotos und Reproduktionen von E. Hobusch: S. 10, 11, 12, 80, 86, 88, 90, 113, 116, 123 ff., 130, 144, 151, 154, 157, 169, 174, 178, 179, 180, 186.

Bildarchiv Heimatmuseum Köpenick: S. 146, 152, 153, 155, 156, 184, 185.

Waldschule/Lehrkabinett: S. 128, 132.

Titelbild: Klaus Staeck: Zurück zur Natur (1985). © by EDITION STAECK.